Gideon Winter

Der Trip namens Leben

Autobiografie

Gewidmet meiner Familie

Der Trip namens Leben

Bibliografische Information der Deutschen Nationalbibliothek:

Die Deutsche Nationalbibliothek verzeichnet diese Publikation
in der Deutschen Nationalbibliografie, detaillierte bibliografische
Daten sind im Internet über http://dnb.dnb.de abrufbar.

Cover und Inhalt:
© 2020 Gideon Winter (Pseudonym)
Herstellung und Verlag:
BoD – Books on Demand, Norderstedt

2. Auflage

ISBN: 978-3749-44855-5

Der Hügel

Beinahe obdachlos, deswegen (peinlich) Wiedereinzug bei den Eltern, vier bis fünf Jahre (noch peinlicher) arbeitslos wider Willen, sechs Wochen (total peinlich) Klapsmühle, anschließend Antrag beim Sozialamt auf medizinische und berufliche Rehabilitation: Tiefer konnte man kaum noch sinken.

Dabei fing das Leben zunächst so vielversprechend und mühelos an. Ich wuchs in einer ländlichen Idylle in einer circa 80 Jahre alten Villa auf. Mein Elternhaus lag auf einem plateauartigen Hügelabschnitt über einer hessischen Kleinstadt, umgeben von Grünflächen, an einem sackgassenartigen Platz, an den auch die Grundschule, der Kindergarten, die Kirche und der alte Friedhof angrenzten. Das ganze Areal war beinahe vollständig von einer relativ hohen, mittelalterlichen Stadtmauer umgeben, ein mediävaler Turm sowie der hohe Kirchturm komplettierten den Anachronismus. Das perfekte Paradies, ein Name-der-Rose-Szenario mit Luxus.

Eigentlich also beste Voraussetzungen für eine steile Karriere, gutes Gelingen und ein schönes Leben. Mir hatte es dort wirklich an nichts gefehlt. Ein Fußball-Club, Skateboarding, Snowboarding, Windsurfing, eine Katze namens Piccola, ein Qualitäts-Piano, ein Gitarren-Set, ein Proberaum im Keller, ein Computer, alsbald auch ein eigenes Auto, zwei Urlaubsreisen pro Jahr, ein jüngerer Bruder, eine ältere Schwester, zeitweise auch ein nettes Kindermädchen aus Kanada – Emma – sowie eine freundliche, französischstämmige Haushaltsgehilfin (Frau Lefevre, die immer ihren Croissant in den Café tunkte, dabei von den Trucker-Restaurants entlang französischer Nationalstraßen schwärmte und später traurigerweise einem Krebsleiden erlag).

Ich selbst jobbte natürlich auch manchmal hart, zum Beispiel in Tankstellen, parallel zur Schule oder in den Ferien, für meinen Lebensstandard. So war ich später am Gymnasium einer der Schüler mit den besseren Budgets und eigenem Auto, auch wenn ich dies meistens geschickt verbarg.

An meinen allerersten Schultag erinnere ich mich noch genau. Ich setzte mich, und als ein Lehrkörper im Klassenzimmer erschien, versteckte ich mich unter dem Tisch. Dafür gab es erstmal einen Rüffel, den meine Eltern auch mitbekamen, weil man mir zunächst mangelnde Schulreife attestierte. Manchmal kletterte ich morgens aus dem Garten meines Elternhauses über einen mittelalterlich gewölbten Türbogen auf der Mauer über den Eingang eines Nachbargartens durchs Fenster in das Klassenzimmer herein, um den Schulweg abzukürzen. Die Mitschüler fanden es witzig, und so konnte ich meine Nase dann im Laufe meiner weiteren Grundschul-Karriere in den ein oder anderen Haushalt reinstecken und lernte einige Gleichaltrige in dieser verschlafenen Kleinstadt kennen. Was für ein riesiges Glück ich zu Hause hatte, das war mir leider dennoch nie so richtig bewusst. Man hatte dort oben auf dem Plateau kaum etwas zu befürchten. Von der Stadtmauer hatte ich einen prima Ausblick auf das idyllische Nest und die Autos, die unter mir durch die Straßen krochen. Ich brauchte das mittelalterlich anmutende Areal eigentlich nie zu verlassen, denn mit der richtigen Portion Phantasie – ich verschlang schon als Kind internationale Literatur en masse –, war dies das reinste El Dorado. Mit einem Fahrrad eroberte ich dann die Kleinstadt unter mir. Und die ausgedehnten Wälder ringsum. Manchmal auch zusammen mit anderen.

„Lasst uns über den Graben springen." Ich fuhr zuerst, und während ich so auf den Graben zusteuerte, mussten wir plötzlich alle lachen, weil sich auf dem Feld in der Nähe gerade zwei Kühe komisch zankten. Ich war an diesem Tag schlecht, der Sprung war schwach, das Vorderrad blieb an der Gegenseite hängen und Patsch, landete ich mit dem Gesicht zuerst auf dem schotterigen Feldweg. Die Oberlippe war aufgerissen bis zur Nase, sodass alle Zähne rausguckten, es gab zahlreiche kleine Steine im Gesicht und Nähbedarf überall. Ich blutete ohne Ende und sah aus wie ein Monster. Alle starrten mich entsetzt an. Einer behielt die Nerven und holte Hilfe. Ein freundlicher Mann eilte mit seinem VW Passat herbei, kümmerte sich nicht darum, dass seine Sitze mit Blut zuschmierten, und fuhr mich auf dem Feldweg entlang der Telefonleitungsmasten im Sonnenuntergang nach Hause.

Dort wartete mein Vater und legte mich in seinen Wagen. Im 20 Kilometer entfernten Krankenhaus hatte ich mal wieder Glück: Mein Dad bemühte den Oberarzt persönlich für alle Nähvorgänge herbei. Nach einigen Tagen rappelte ich mich zuhause aus dem Bett hoch, ging ins Badezimmer und blickte in den Spiegel. Alles verkrustet. Überall Fäden. Fresse kaputt. Mit der Visage durfte ich auch zunächst nicht in die Schule. Ich muss da so circa elf Jahre alt gewesen sein. Würde ich wohl je eine Freundin finden oder wieder zur Schule gehen dürfen?

Später zeigte sich dann, dass der Arzt das top gemacht hatte. Von einer fast unsichtbaren Narbe an der Oberlippe abgesehen, war alles wieder so wie vorher. Wie er wohl heißen mochte? Und überhaupt fühlte ich mich zu Dank verpflichtet. Ich blickte immer wieder in den Spiegel und gefiel mir wieder zunehmend. Echte Männer habe nun mal eine Narbe, dachte ich, und meine Brust schwoll vor Stolz nur so an. Nach einigen Wochen ging ich wieder zur Schule, wo sich einige schon Sorgen gemacht hatten und dann doch irgendwie erleichtert waren, genau wie ich.

Bei vielen meiner Hobbys gehörte ich immer zu denen, die vorne dabei waren oder sogar ganz das Sagen hatten. Das war für mich meistens selbstverständlich. Das fing anfänglich ganz harmlos beim Playmobil- oder Lego-Spielen an. Mit Western- und Piraten-Settings oder auch mit mittelalterlichen Figuren spielte ich Bücher aus zum Beispiel der Reader's Digest Reihe nach. Wie ein Regisseur zeichnete ich mit den Figuren, Gebäuden, Schiffen und sonstigen requisitenartigen Objekten in meinem Kinderzimmer komplexe Schlachten und Abenteuer meiner literarischen Helden nach, und dies geschah vollkommen präzise und oft stundenlang. Manchmal, wenn meine Eltern Gäste hatten und diese ihre eigenen Kinder mitbrachten, passte ich nicht richtig auf, sodass die anderen meine Figuren örtlich verlagerten und das gerade inszenierte Setting durcheinandergeriet. Das war dann für mich immer ein Weltuntergang. Es dauerte oft tagelang, bis ich darüber hinwegkam. In Sachen Literatur und Playmobil betrachtete ich penibelerweise andere Kinder immer als Zerstörer, die ja kaum etwas davon verstanden. So durfte – bis auf ein rund drei Jahre älterer Nachbarsjunge, der darin ähnlich war, aber vermutlich aus einem filmischen Blickwinkel – niemand an mein Playmobil- und Lego-Sortiment ran. An dem Punkt war ich elitär. In fortgeschrittenem Alter sollte ich dann später an einer Universität unter anderem noch viel mehr Literatur studieren: Franz Kafka, Dante Alighieri, Homer und vieles mehr, überwiegend jedoch nur deutschsprachige Literatur, in der ich oft die Bezüge zur anderen Weltliteratur herstellte.

Die Baumwerdung

Die mein Elternhaus umgebende Idylle, die Bücher, der Wald, die Natur: All dies machte meine frühe Kindheit aus. Ich las viel im Bett, meistens abends vor dem Einschlafen. Stundenlang. Das Komische daran war, ich sah mich dabei manchmal von oben auf meinem Bett sitzen, mit dem Buch in beiden Händen, so als ob meine Seele den Körper während des Lesens um einen vertikalen Meter verließ und losflog.

Ich lebte geradezu in meinen Büchern. Irgendwie fand ich schon als kleiner Junge viel Zeit zum Nachdenken, während ich so die Wälder mit dem Fahrrad eroberte und mich die Literatur beflügelte. Mir schien es, als ob ich dort meine Ruhe hätte: vor der Schule, vor der Familie und vor gesellschaftlichen Pflichten. Auf dem Rückweg fiel mir immer auf, dass der Wald und die Natur eigentlich gar nichts mehr mit der Gesellschaft und den Menschen zu tun hatte. Mir kam es so vor, als ob Gesellschaft etwas ganz Subjektives, durchorganisiertes Künstliches wäre, dass darauf programmiert war, sich eben immer weiterzuentwickeln, sich von der Natur zu entfernen oder sich sogar schrittweise in den Wald hineinzufressen. Ein Moloch im Grünen, ein plastisches Gebilde wie ein Fremdkörper in der Natur, aus dem sich die Bewohner kaum heraus zu trauen schienen. Je tiefer ich selbst in die Natur hereinfuhr, umso mehr entfernten sich meine Gedanken von den Menschen. Je mehr ich die Geräusche des Waldes alleine konsumierte, in mich aufsog und keine andere Menschenseele mehr vorfand, desto sicherer fühlte ich mich: das Blubbern und Gluckern der Bäche, das Rauschen, oder noch besser Flüstern der Zweige und Blätter im Wind, der auf das Dach des Waldes prasselnde Regen, das Ächzen und Knorren der Stämme im Sturm, die ewige Stille, wenn Schnee alles bedeckte, der Sing-Sang der Vögel und das Röhren der Hirsche. Wie sehr sollte ich diese grandiose Musik noch vermissen in meinem späteren urbanen Gefängnis namens Großstadt.

Oben, in den höheren Lagen dieser mittelgebirgsartigen Landschaft, gab es Fichten, Waldkiefern und selten sogar auch Pinien, oder bildete ich mir dies ein? Die Fichten und Waldkiefern waren mir am liebsten, denn sie hatten etwas Globales an sich, kommen sie doch auf unserem Planeten fast überall vor: in Europa, Asien, Nord-Amerika und sogar auch in den kalten, südlichen Gegenden Südamerikas. Das fand ich irgendwie faszinierend: Egal wohin man auf dem Planeten reisen würde, überall begleiteten sie einen, sodass die Grenzen zwischen den Ländern verschwammen. Auch die Pinien kannten keine Hindernisse oder nationalen Grenzen und waren in der Lage, sich am Mittelmeer auszubreiten und überall zu wachsen, wo es etwas wärmer war. Verfügt man selbst erstmal über genügend Reiseerfahrung, so überkommt einen der Reiz der Fremde immer dann, wenn man eine Pinie, Waldkiefer oder Fichte auch zuhause sieht. Das fand ich total faszinierend, dass diese Bäume im Grunde gar keine Patrioten waren und sind. Ich wusste bereits, manche Bäume können hunderte von Jahren alt werden, auch in Laubwäldern, wie zum Beispiel Eichen. Ob sie mich wohl auch wahrnahmen? Manchmal stellte ich mir auch vor, wie es wohl wäre, selbst ein Baum zu sein. Von der Baumwerdung eines Menschen hatte ich bis dahin aber noch nie gehört. Je länger ich mich im Wald aufhielt, umso mehr stellte ich die Menschen grundsätzlich in Frage. Bis ich an den Punkt kam, mir vorzustellen, wie eine Welt gänzlich ohne umweltverschmutzende Autos aussähe, ohne Fabriken, ja ohne alles, was der Natur zuwiderliefe. In diesem Moment erschrak ich vor mir selbst. Mir wurde klar, ich müsste eine Entscheidung treffen: Entweder die Natur oder die Menschen, denn in den 1980ern gab es noch keinen ausgeprägten Umweltschutz. Ich entschied mich für die Menschen, schließlich wollte ich ja auch mal ein eigenes Auto sowie Spaß haben.

Dennoch war mir fortan immer klar, dass in der ganzen Welt etwas grundsätzlich falsch läuft. Dass die Menschen ja eigentlich selbst ein Teil der Natur sind, ihr aber zuwiderhandeln und somit auch gegen sich selbst agieren. Ich erkannte, aus der ursprünglichen Einheit zwischen Mensch und Natur war ein Gegensatz, ja gewissermaßen eine Feindschaft entstanden. So als ob die Menschen in einer Art „Sündenfall" ihren Ursprung verraten hätten.

In der Bibel steht zwar, dass sich der Mensch die Erde zum Untertan machen soll (1. Buch Mose 1, Vers 26; Luther 2002): „Und Gott sprach: Lasset uns Menschen machen, ein Bild, das uns gleich sei, die da herrschen über die Fische im Meer und über die Vögel unter dem Himmel und über das Vieh und über alle Tiere des Feldes und über alles Gewürm, das auf Erden kriecht." Aber dies kann kaum so gemeint sein, dass man alles kaputt macht, oder der ganze Planet gar verwüstet wird, worauf es schon irgendwie hinauszulaufen schien.

Ich selbst wollte auf den Komfort der postmodernen Zivilisation auch kaum verzichten. Um zum Beispiel Musik zu machen, brauchte man ja oft auch Strom. Somit beschloss ich, einfach mitzumachen. Aber ob mich die Menschen wohl noch mitmachen lassen würden, nachdem ich sie in Gedanken verraten hatte? Würden sie mir mein existentielles Misstrauen wohl anmerken?

Das blasse Licht

Dies war der Beginn einer Ode an das Leben. Es kam mir vor, als ob ich, der kindliche Literat und Denker, plötzlich Mensch wurde mit allem, was so zu einem richtigen Leben dazugehört. Es war der Anfang eines zunächst unglaublich schönen Rausches, der sich selbst immer mehr übertraf. Auch wenn ich dachte, schöner kann es nicht mehr werden, ging es immer noch weiter.

So ab zwölf Jahren zog mich die Straße magisch an, weil ich den Skateboarding-Sport oder -Life-Style für mich zu entdecken begann. Ich war immer total konsequent mit meinen Interessen oder meinem Lebensstil: Besonders beim Skateboarding habe ich etwas für mein ganzes Leben gelernt. Es ist egal, was man für eine Hautfarbe hat, wie alt man ist, aus welcher sozialen Schicht man kommt, welchen Bildungsgrad man hat. Es geht weder immer ausschließlich nur um das Gewinnen, noch darum, immer unbedingt der Beste zu sein. Um gut zu werden, braucht man viel Geduld, Entspannung, Meditation, Zeit und einen martialischen Willen. Und: Es ist mehrschichtig geleimtes Ahornholz aus Kanada, das ein richtiges Profi-Board ausmacht.

Einmal fuhr ich mit der Bahn nach Stuttgart, einen Freund besuchen, dessen Eltern gute Freunde von meinen waren. Das sollte ich noch öfters machen in den Ferien. So konnte ich zum Beispiel auch dort manchmal auf der Straße Skateboard fahren und beobachten, wie alle immer morgens auf dem Bürgersteig zur Schule, Arbeit, Ausbildungsstelle oder Universität rannten. Ein ewiger Rhythmus, eine ewige Mechanik, die geprägt war durch die Fahrpläne der S-Bahnen und Intervalle der Auto-Verkehrsampeln. Besonders fiel mir auf, dass man in einer so großen Stadt auf dem Bürgersteig quasi nur in zwei Richtungen laufen kann und zwischen den Häusermeeren und Blocks wie eingesperrt um das nackte Überleben kämpft. Von morgens bis abends, tagein, tagaus, wovon ich später noch ein Lied zu singen wusste. Da erst lernte ich das Skaten so richtig schätzen. Konnte ich doch damit eine völlige Freiheit im urbanen Gefängnis erreichen.

Die zwei Richtungen des Bürgersteigs bildeten für mich keine motorische Grenze, sondern ich konnte mit dem Skateboard sogar von Telefonzellen herabspringen, von Treppen, Mauern und natürlich auch von Bürgersteigen auf die Straße, downhill zwischen den Autos herumfahren, später auch technische Tricks lernen und machen, was ich wollte, während alle anderen mit Rucksäcken, Taschen und Aktenkoffern geradezu auf dem Bürgersteig immer nur hin- und herflitzten. Da fühlte ich mich in meinem Leben zum ersten Mal in einer Großstadt erhaben und frei. Natürlich musste ich auch außerhalb der Ferien morgens zur Schule gehen. Doch ich tat dies entspannt und fragte mich immer: Warum marschieren die morgens bloß immer alle so zackig, wie beim Militär? Warum stecken die sich damit gegenseitig an, sodass es aus der Dynamik scheinbar kein Entrinnen gibt?

Wie sehr mir diese Freiheit im richtigen Leben helfen sollte, davon hatte ich als Kind noch keine Ahnung. Ich begann, mein ganzes Leben auf diesen Life-Style auszurichten. Es war immer mein Traum, ein guter Skater zu werden, und dafür betete ich zum Beispiel. Auch dieses Gebet wurde erhört. Ich bin in meinem Skater-Leben zwar nur einen Contest mitgefahren, aber ich durfte im Umkreis von 70 Kilometern öfters mit den besten Skatern Sessions teilen.

Später, so im Alter von 14 Jahren, es war 1989, kam dann noch das Snowboarding hinzu. Das war ein schöner Tag! Ein Bekannter, er hieß Niklas, lud mich zu einer ersten Session am nahegelegenen Lift im Rothaargebirge ein und gab mir sein altes Board. Zuerst machte ich mir Sorgen. Ob ich das wohl jemals lernen würde oder mich gar blamieren würde? Auf dem kleinen Berg oder großen Hügel angekommen, stellte ich mich zum ersten Mal auf ein Snowboard. Niklas gab mir noch einige Instruktionen, wie man die Richtung verändert,

13

dann fuhr ich los und beherrschte das reine Fahren an sich sofort. Einige Minuten später machte ich meinen ersten Ollie-Air. Müde und überglücklich kam ich abends wieder nach Hause. Das alte Snowboard bekam ich dann geschenkt.

Mein Traum war es später immer, ein richtiger Big-Mountain-Rider zu werden und in Alaska den King of the Hill Contest mitzumachen oder zumindest dort zu leben. Ich wusste immer, dass dieses Ziel utopisch war. Dennoch klammerte ich mich manchmal daran. So verfolgte ich dieses Unterfangen schon irgendwie mit Ernst. Wie sehr mir auch dieser Sport später noch das Leben

retten sollte und was für spannende Geschichten ich damit noch erleben sollte, davon hatte ich zu diesem Zeitpunkt noch gar keine Ahnung.

Das war dann als Jugendlicher mein Leben: Skateboarding sowie Snowboarding. Und Musik. Darüber hatte ich auch als Nebeneffekt viele interessante Menschen kennengelernt und Länder bereist. Windsurfen probierte ich auch mal eine Weile. Aber das wurde als dritter Sport einfach zu stressig und zu kostspielig. Dennoch hatte ich es über alles geliebt. Mit dreizehn Jahren nahm mich einer meiner Onkels zum ersten Mal an einen Bag-

gersee mit. Irgendwann lag dann ein Buch von Robby Naish auf dem Geburtstagstisch. Mit Fotosequenzen erklärte es vieles, vom Wasserstart über die Halse bis hin zum Table Top. Ich blätterte das Buch immer wieder durch, wie ein Besessener. So wie Robby Naish surfen zu wollen, war natürlich Wunschdenken. Das Tolle daran war, dass ich mir die Abläufe durch das ständige Lesen und Blättern genau psychologisch im Kopf einprägte. Später schenkte mir der Sohn von einem Freund meines Vaters aus der Kirchengemeinde, er hieß Klaus, ein altes, großes und behäbiges Board, womit ich meine ersten Versuche unternahm. Weil ich das Buch auswendig gelernt hatte, ging dann alles recht schnell. Schon bald darauf vermachte dieser Klaus mir auch einen Semi-Sinker zum Spottpreis, mit dem ich dann zwischen meinen ersten Wellen surfen konnte, obwohl es ein Race-Board war. Das war an der Costa Brava, wo mein Dad mit der ganzen Familie und mir öfters mal hinfuhr.

Waren die Bedingungen gut für mich, saß ich abends immer auf dem Campingplatz und wollte vor Glück sterben: Das Brodeln der Brandung hinter der Düne, die Palmen und Pinien, die sich dem Wind beugten, der Anblick der Dünung, wenn nächtliches Schwarz das Meer überfiel und der Mond sein sanftes Licht über das Wasser goss – da fiel mein Blick oft auf mein Board und das Rigg neben dem Zelt und ich dachte, was für ein vollkommene Sache dieses Windsurfen doch ist.

Jedoch so im Alter von 20 Jahren merkte ich, dass ich über den Wasserstart, eine Halse und einen Semi-Sinker mit Trapez irgendwie nie so richtig hinausgekommen war – und meine sportlichen Ziele damit eigentlich verfehlt hatte. Denn wenn man in der Mitte Europas auf dem Festland wohnt, kann man als Schüler oder Zivi immer nur im Sommer während der Ferien surfen gehen, und man hängt alle Hoffnungen immer an den einzigen Surftrip im Jahr. Dann immer dieses ständige warten auf den Wind. Da sitzt man dann im Urlaub und ärgert sich im Grunde oft, dass er nicht kommt. Manchmal regt sich ein Windchen hinter der Düne, dann rennt man dann zum Strand, aber es gibt immer noch keine Schaumkronen auf dem Wasser und kein richtiges Lüftchen kommt rein. Da liegen sie dann rum: das Rigg und das Board.

Am Ende des Urlaubs hievt man das Ganze wieder auf das Autodach, fährt wieder nach Hause und kommt sich dabei merkwürdig vor, weil es nur einen oder zwei Tage richtigen Wind gab.

Diese kurze Zeit war dann meistens wunderschön, aber wozu eigentlich der ganze Aufwand? Also irgendwann endlich weg mit dem Equipment: Da kam ich mir wie befreit vor, hauptsächlich vom Zugzwang, den das ganze Zeug auf dem Autodach so mit sich bringt.

Irgendwie hatte der Abschied dann doch wehgetan. Denn am Anfang machte es wirklich Spaß. Mein Dad surfte auch, und wir schlossen uns manchmal mit anderen kurz, die auch windsurften. Einmal schenkte mir ein aus meiner Sicht älterer Windsurfer ein kleines Aluminiumgerät als Hilfe zum Aufriggen zum Geburtstag. Ein anderes Mal lernten wir in Frankreich, wo wir auch öfters hinfuhren, einen totalen Surf-Crack aus den Niederlanden kennen, der mit seiner Familie gleich gegenüber auf dem gleichen Campingplatz Urlaub machte.

Ich dachte mir bei meinen ganzen Hobbys während meiner Jugend nichts und wollte einfach nur Spaß haben und suchte manchmal das Adrenalin. Die Schule machte ich natürlich mit links. Mir fiel dies alles einfach so zu, alles gelang immer, es gab nie Widerstände, bei allem, was ich je begann, und dies machte mich zu einem völlig selbstbewussten jungen Mann, den scheinbar niemand aufhalten wollte und konnte.

Klangwelten

Im Alter von sechs Jahren bekam ich zum ersten Mal Klavierunterricht. Klassik. Mozart. Beethoven. Bach. Das ganze Programm. Ich quälte mich durch und fand es sehr anstrengend, oder es war nicht so mein Fall. In einer späteren Phase meines Lebens sollte ich dann aber wieder mit großem Enthusiasmus darauf zurückgreifen. Damals wechselte ich erstmal den Lehrer. Das hatte meine Mutter arrangiert: ein netter Afrika-Deutscher mit leichtem bayerischem Akzent also. Der Mann war mir sofort sympathisch und brachte mir alles Mögliche bei: Pop, Blues, Jazz und auch südamerikanische Stile. Schon bald hatte ich meine ersten Auftritte. Kam öfters mal in die lokale Tagespresse. Einmal begleitete ich eine tolle Jazz-Sängerin in einem renommierten Kultur-Club in Marburg am Flügel. Das hatte der Lehrer eingefädelt und es war irre schön. Den Song habe ich heute immer noch im Ohr.

Mein Leben drehte sich immer schneller. Ich eroberte ganze Klangwelten, brodelnde Meere, tief verschneite Grate und sogar Gipfel, wundersame Landschaften und Länder. Es war, als ob ich wie in einem wunderschönen, surrealen Film mit einem eigenen Soundtrack lebte, mit absoluter Hoheit über meine Ziele, über meinen Körper, über meinen Geist, und egal, was ich mir vornahm, ich machte es einfach und nahm mir alles, was ich mir je erträumt hatte und wonach mir einfach der Sinn stand. Es war die ultimative Freiheit, so zu leben, schien es mir damals.

Mit der E-Gitarre bin ich in den 90ern eigentlich am weitesten gekommen als Indie-Pop-Komponist. Als Lead-Sänger setzte ich meine eigenen Songs mit meinem Bruder am Schlagzeug um, begleitet von einem Bassisten. Der hatte uns mal im KFZ in Marburg einen Vorband-Auftritt bei einer landesweit bekannten Indie-Band aus Hamburg organisiert. Denen hatte es jedenfalls gefallen. Die meinten zu meinem Bruder, wir wären ganz okay gewesen oder so ähnlich. Eines Tages sagte unser Bassist, er hatte einen alten Mercedes, dass er einen Vorspiel-Termin – ich glaube es war ein Unterlabel von EMI – in München klarmachen könne. Das wurde mir dann irgendwie alles zu konkret und ich beendete das Projekt, weil mir das ganze Rock'n Roll Business und was so alles dazugehören mag zu heiß wurde. Ein weiterer Grund dafür war: Man sollte Musik niemals verkaufen, weil sie dann unecht wirkt. Deswegen verschenke ich sie noch heute ausschließlich. Wer dabei nie an das große Geld denkt, wirkt immer authentischer. Denn wenn man seine musikalische Seele vor finanziellen Interessen schützt, wird man immer unbefangene und ohne Geld-Druck noch mehr beseelte Musik machen.

Bei einem anderen Projekt, das stilistisch etwas härter war, spielte ich als zweiter Sänger und Gitarrist mit, zum Teil ebenfalls in kleinen, aber durchaus angesagten Indie-Rock-Clubs in Hessen oder auch Open Air, meistens so vor mindestens 200 Zuhörern. Mein Bruder war auch mit dabei als Schlagzeuger. Das war für uns ganz normal, öfters mal auf einem Foto in der lokalen Presse zu sein. Ich glaube, die Zuhörer hatten uns wirklich gemocht. Bei einem weiteren Konzert in Marburg, an das ich mich noch erinnere – der Laden hieß damals Café Trauma –, fuhren die Zuhörer total auf uns ab. Wie in einem Film.

Aber diese Musik, die ich in den 90ern komponierte oder begleitete, hatte nichts mehr mit meinem christlichen Glauben zu tun. Damals war mir das egal. Der Grund, dass ich mich davon distanzierte, war zunächst die Aufnahme meines Studiums, währenddessen ich morgens und abends immer lernte und nachmittags in der Sonne Skateboard fahren sollte, um gut drauf zu bleiben. Später, als ich unten war, sah ich den Piano-Lehrer zufällig mal am Rudolfsplatz in Marburg. Er erkannte mich natürlich nicht, weil ich mich total verändert hatte. Es war unter einer großen Uhr, die sich halb über den Bürgersteig spannte. Da schämte ich mich plötzlich zum ersten Mal für mich, weil ich zu diesem Zeitpunkt total mies draufgekommen war. Die große Uhr, ich wertete sie als ein Omen. Es war natürlich einfach Zufall, aber irgendwie trotzdem ein Zeichen für mich, den Weg wieder zurückzugehen, zumindest erstmal musikalisch.

Das Piano bedeutet mir heute alles. Es ist mein christlicher Altar. Eine Verbindung zu Gott. Etwas Transzendentes, das mir kein Mensch auf der Welt absprechen kann und das ich für kein Geld in dieser Welt verkaufen würde. Dieses Talent schmiss ich damals jedoch zunächst hin und es rostete für lange Jahre ein.

Besuch aus Israel

Schon in meiner späten Kindheit war mir klar, dass ich einen Medienberuf lernen wollte: Auslöser war ein Artikel in der F.A.Z., die mein Dad – er war evangelischer Pfarrer – damals abonniert hatte: Es ging um einen Snowboarder und Big-Mountain-Rider aus Alaska. Da wusste ich bereits als Kind, dass das genau mein

Job ist, weil ich gut mit Sprache umgehen kann und zu diesem Zeitpunkt noch auf ganz verschiedene Menschen zugehen konnte und viele Leute kannte. Alternativ spielte ich auch manchmal mit dem Gedanken, Kriminalistik zu studieren, um eine höhere Polizeilaufbahn einzuschlagen, aber ich befürchtete, dass mein damaliger Lebensstil dafür teilweise unpassend war und traute mir das deswegen weniger zu.

Ich muss so 14 Jahre alt gewesen sein, da hatten wir mal Besuch aus Israel. Ein älterer Herr, ich glaube, er war Rabbi und betrieb mit seinem Sohn auch eine Zeitung in Jerusalem. Oder war er Redakteur mit religiösem Themenbezug? Jedenfalls hatte er unter anderem eine Zeitung. Ich machte die Tür zum Wohnzimmer auf, lugte vorsichtig herein, und dort saß Herr Goldberg dann mit seinem weißen Bart und der Kippa. Er nahm mich erstmal interessiert unter die Lupe, so wie es ältere Männer manchmal zu tun pflegen, stellte Fragen. Das Erstaunliche war, dass er so nach circa zehn Minuten meinte, ich könne doch mal in Jerusalem in seine Redaktion reinschnuppern. Aber er kannte ja meinen Berufswunsch gar nicht. Das heißt, an der Art und Weise, wie ich auf ihn zugegangen bin und wir uns unterhalten hatten, musste er damals erkannt haben, dass ich der geborene Redakteur oder Medienmensch oder so etwas in die Richtung bin im Grunde.

Ich fühlte mich geschmeichelt und erstmal bestätigt mit meinen Karriereplänen, lehnte aber dankend ab und kam nie darauf zurück, weil mir als Jugendlicher dazu irgendwie der Mut fehlte, in einem fernen Land ein Praktikum zu machen. Darüber ärgere ich mich heute in Sachen Karriere am meisten. Vielleicht wäre alles viel schneller gegangen und mein Ehrgeiz schon früher entfacht, wenn ich später im weiteren Verlauf meiner Jugend zugesagt hätte. Das war im Grunde die Chance, um die ich mich dann später als geläuterter 30-Jähriger bei anderen Redaktionen noch anstellen musste.

Die Begegnung ging mir auch sonst nahe, denn als ich einst als kleiner Junge erstmals Bilder über den Holocaust im Fernsehen gesehen hatte, und später ebenso in der Schule, war für mich eine Welt zusammengebrochen. Warum hatten meine Landsleute aus der alten Generation so etwas getan? Ich denke, ich brach völlig zusammen, mein ganzes Bild, das ich von Deutschland hatte, verwarf ich, als ich realisierte, dass ich unter Menschen lebte, die einst den Zweiten Weltkrieg und den Massenmord an sechs Millionen europäischen Juden begangen hatten. Ich hatte diese finsteren Kapitel deutscher Geschichte nie verkraftet, und das Entsetzen wie die Resignation darüber ist ein fester Bestandteil meines historischen Bewusstseins. In meinem späteren Studium sollte ich mich intensiv auch mit diesem Thema beschäftigen, viele Originaltexte lesen, die Vorbedingungen des Holocausts bis in das 19. Jahrhundert hinein erforschen und somit ganz eigene Thesen dazu vertreten. Jedoch schon als Kind und Jugendlicher resignierte ich unter anderem deswegen vor der Welt und etwas ging in mir kaputt. Doch zunächst verdrängte ich die Brutalität, zu der Menschen prinzipiell fähig sind.

Nachdem der Besuch aus Israel und ich also eine Weile miteinander redeten, ging ich wieder auf mein Zimmer und musste plötzlich an meine beiden Großväter denken, die das Hitler-Regime miterlebt hatten.

Mein Großvater mütterlicherseits aus Gießen war immer ein ganz konsequenter Christ gewesen. Er hatte das Dritte Reich irgendwie überstanden. Dabei ging er jeden Sonntag in die Bekennende Kirche, die gegen Hitler war, und wo die NSDAP die Pfarrer sonntags von der Kanzel einfach verhaftete und in die Konzentrationslager verschleppte. Dies hielt meinen Großvater nicht davon ab, trotzdem in diese Kirche zu gehen. Somit schien er keinen Hehl daraus zu machen, den Diktator Hitler zu verabscheuen. Er war auch in Gießen in eine studentische Organisation eingetreten. Nachdem Hitler die politische Macht ergriff, legten lokale politische Funktionäre meinem Opa irgendwann nahe, bei einer studentischen NSDAP-Organisation mitzumachen. Er weigerte sich konsequent und erfolgreich. Es war sein Christsein, dass ihn dazu ermutigte. Den Kommunismus mochte er ebenfalls nicht. Allerdings musste mein Großvater, wie die meisten anderen deutschen Männer, am Zweiten Weltkrieg als Soldat teilnehmen. Hätte er sich geweigert, wäre er wahrscheinlich als „Fahnenflüchtiger" erschossen worden. Also ging er mit, nach Libyen, in die Wüste. Bei einem Bombenangriff flog ein Trümmerteil in sein Bein. So gelangte er schnell wieder nach Hause, wo er fast daran gestorben wäre. Er hatte das nur knapp überlebt. Trotzdem sang er später zu Weihnachten, wo sich der ganze Familienclan immer im Wohnzimmer seiner Villa in Gießen versammelte, nach den christlichen Liedern stets aus voller Innbrunst und ohne Ironie oder Selbstmitleid ein britisches Soldatenlied namens „It`s a long way to Tiperary". Dabei stiegen ihm jedes Mal die Tränen in die Augen, und die Song-Einlage endete in einem seligen, ja geradezu pathetischen und herzzerreißenden Mundharmonika-Solo.

Was wollte er damit sagen oder wie könnte man das interpretieren? Ich glaube, es war eine Geste für den Frieden. Oder er wollte damit vielleicht einfach nur zum Ausdruck bringen, dass er das mit dem Bein so akzeptiert hatte und froh war – obwohl ihn die Amputation leider lebenslang quälte –, in Europa und der Welt keinen Krieg mehr zu haben oder so ähnlich. Denn schon unmittelbar nach dem Ende des Zweiten Weltkrieges begann er nämlich, obwohl die Prothese ihn behinderte, Europa und den ganzen Globus zu bereisen. Erst Frankreich, England, Italien, Skandinavien, dann Kanada, die USA inklusive Hawai. Er war Mitglied in der World's Christian Endeavour Union, was ihn dann auch quasi um den Globus führen sollte. Diese christliche und globale Einstellung nehme ich mir heute schon ein wenig zum Vorbild.

Interessant war auch, dass der Vater meiner Oma aus Gießen während der Hitler-Diktatur mal jüdischen Brüdern aus Gießen, die er kannte – es waren quasi entfernte Kollegen, weil sie auch ein Geschäft in der Fußgängerzone hatten –, zur Flucht in den Nahen Osten verholfen hatte. Meine Oma hatte dabei auch mitgeholfen. Herr Weissmann konnte als Hobby wunderbar malen und zeichnen, und so schenkte er meiner Oma und meinem Opa dann eine ganze Zeit später während einer seiner Deutschland-

Reisen als Dankeschön einige Originalgemälde. Heute hängt eines davon bei mir im Wohnzimmer, und die Geschichte hinter dem Bild und das Bild selbst erfüllen mich mit tiefster Anerkennung gegenüber meiner Familie mütterlicherseits und dem Maler. Das Gemälde hat ein alttestamentarisches Motiv, indem es sich einer biblischen Szene annimmt, und eine hebräische Jahreszahl ist unten zu sehen, neben dem Künstlernamen: Lulu.

Der Großvater meines Opas aus Gießen, er war Schneider, und meine Ururgroßmutter wurden von den Nazis in einem Konzentrationslager ermordet. Sie waren einfach nur extrem alt und senil. Die Gestapo griff sie beide auf der Straße auf, inhaftierte sie, stellte sie vor die Wand und erschoss sie. Was für eine feige Tat: Die Nazis sortierten zwei alte Menschen, die sich nicht mehr zurechtfanden – was nun eher normal ist, wenn man hochbetagt ist – einfach aus. Da fragt man sich manchmal, wo Gott in der Geschichte ist. Wo war Gott, als meine Ururgroßeltern ermordet wurden? Wo war er, als die Nazis die jüdischen Mitbürger in den Todesfabriken ermordeten?

Das NS-Regime war vielleicht ein apokalyptischer Kampf zwischen dem Teufel und Gott. Vielleicht konnte Gott nicht einfach mit dem Finger schnippen und den Teufel in Form von Hitler und dem ganzen NS-System in einer Sekunde besiegen. Es hatte einige Jahre gedauert, weil es für Gott vielleicht sehr anstrengend und schwierig war. Letztendlich siegte aber das Gute über das Böse, so ähnlich wie in der Offenbarung des Johannes, die einen ähnlichen Kampf auch als langwierig beschreibt.

Deswegen sind für mich alle Männer, die mithalfen, das Hitler-Regime zu bezwingen, die größten Helden der Historiographie. Besonders diejenigen, welche die Strände der von den Nazis besetzten Normandie in Nordfrankreich stürmten; Gott war bestimmt auf ihrer Seite, und ihr Opfer war niemals umsonst. Noch heute kommen mir jedes Mal fast die Tränen, wenn sich der D-Day jährt und ich dieser Männer gedenke. Denn auf ihrem Opfer hat sich die Freiheit Europas gegründet. Und meine heutige Freiheit.

Mein Großvater mütterlicherseits aus Gießen hatte auch hohe akademische Qualifikationen und einen philologischen Doktortitel. Damit hatte er in Gießen nach dem Zweiten Weltkrieg ein christliches Elite-Gymnasium mitgegründet, wo er als Deutsch- und Englischlehrer sowie als Direktor arbeitete. Einer seiner Schüler, der ihn sogar mal zu Hause besuchte, war zum Beispiel Volker Bouffier, der Ministerpräsident Hessens.

Mein anderer Opa – väterlicherseits – hatte vor dem Zweiten Weltkrieg einen Bauernhof nahe einer europäischen Stadt, die man früher vorübergehend „Königsberg" nannte. Als die Wehrmacht ihn am Ende einziehen wollte, versteckte er sich einfach im Wald, und darauf bin ich heute besonders stolz. Der Hitler, der war auch ihm völlig zuwider. Ich weiß nicht genau, wie lange er so im Wald lebte, vielleicht zweieinhalb Monate.

Irgendwann kam die Rote Armee von Osten. Also floh er nach Westen, traf dann zufällig seine Gattin – meine Oma – in einem Flüchtlingstreck wieder und landet dann, nach einem Aufenthalt in Kiel, bei Gießen in Hessen, wo er einen neuen Bauernhof zugewiesen bekam und wo mein Vater aufwuchs. So lernten sich meine Eltern dann später in Gießen zufällig an einem Sonntag während eines Spaziergangs in einem Park an der Lahn kennen: sie aus einer ziemlich großbürgerlichen, städtischen Familie und er der Sohn eines Landwirts.

Genau das nehme ich mir an meinem Opa väterlicherseits, er hieß Wilhelm, heute auch zum Vorbild – obwohl ihn seine gleichaltrigen Zeitgenossen später wohl deswegen immer scheinbar miedeten und missachteten, hat er für sein Verhalten während des Zweiten Weltkriegs meinen vollsten Respekt: Man soll ganz konsequent weder mit den Rechtsradikalen noch mit den Linksradikalen gemeinsame Sache machen. Das ist so meine redaktionelle oder mediale Grundregel. Hitler, der diesen brutalen Eroberungskrieg begonnen und geführt und den Holocaust begangen hatte, brachte ganz klar noch mehr Leid über Europa als Stalin nach dem Zweiten Weltkrieg. Aber für sich alleine genommen war Stalin natürlich auch ein brutaler Diktator, auch wenn man aus Sicht der Geschichtswissenschaft beides wohl nicht so direkt miteinander vergleichen kann.

Wenn sich jedenfalls alle Deutschen unter Hitler so verhalten hätten wie meine beiden Opas, wäre es gar nicht zum Schlimmsten gekommen.

All diese Gedanken gingen mit durch den Kopf, als ich also abends auf meinem Zimmer saß und über unseren Gast aus Israel sowie meine Großväter nachdachte. Wenigstens konnte ich dem israelischen Besucher guten Gewissens in die Augen schauen, genau wie alle anderen aus der Familie auch.

Ein See

Seitdem ich als Kind begann, zu denken, war es für mich normal, dreimal am Tag zu beten und in den Kindergottesdienst oder die Kirche gegenüber zu gehen. Als Kind las ich die Bibel wie gebannt zweimal vollständig durch. Schon damals lernte ich, dass Gott einen an das Ziel führen und Wünsche erfüllen kann. Natürlich ist er keine Wunschmaschine, der man im Imperativ wie einem Service Dinge aufträgt. Ich denke, je unrealistischer oder unmöglicher das Ziel erscheint, umso länger dauert es oder desto mehr muss man dafür beten.

Ich hatte auch schon für mein Abitur gebetet, und, obwohl man mich zu diesem Zeitpunkt nicht mehr als hundertprozentigen Christen betrachten konnte, es klappte, auch wenn ich nur einen Minimalaufwand dafür betrieb. Das Wichtigste beim Beten ist, höflich die Geduld zu bewahren und Gott, Jesus und den Heiligen Geist nicht anzuklagen.

Es war nach dem Jahr, in dem die Mauer fiel, wenn ich mich richtig erinnere, und Ost- und West-Deutschland vereinigte sich wieder, was ich den in der DDR Eingesperrten gönnen wollte, war ich doch zuvor öfters mal bei Pfarrerskollegen meines Dads mit zu Besuch gewesen. Die Fahrten über die Grenze avancierten bei mir schon irgendwie zum kleinen Mini-Trauma: Ewig unwirsche Vopos, die manchmal ganze Vehikel auseinanderschraubten, um nach versteckten Fliehenden zu suchen, Nebel, gleißendes Scheinwerferlicht, kläffende Köter – überall schlug einem das reinste Misstrauen entgegen. Dann auch noch diese grauenhafte Architektur. Alles grau in grau. Ständig roch es nach Chemie-Industrie.

Nachdem die Mauer fiel, nahm ich also an einer christlichen Jugendreise nach Frankreich teil, die die Heimatgemeinde in Hessen und eine ostdeutsche Kirche organisiert hatten. Es war Sommer. Ich war fünfzehn Jahre alt. Das sollte wohl so eine Art Wiedervereinigungs-Aktion für Jugendliche werden. Irgendetwas verstand ich leider dabei falsch. Wir fuhren für zwei Wochen an einen kleinen See, der irgendwie auch etwas Tümpelhaftes hatte, irgendwo in der tiefsten Provinz, irgendwo östlich von La Rochelle. Das Meer war relativ weit weg. Unerreichbar mit dem Fahrrad. Die absolute Tristesse. So kamen alle nach fünf Tagen auf die Idee, sich zu betrinken, was während einer christlichen Freizeit natürlich verboten war. Ich hatte jedoch gar keine Lust dazu. Wenn es alle machen, ist es doch langweilig, dachte ich und blieb schlafend mal auf meinem Zimmer.

Am nächsten Morgen gab es für mich ein böses Erwachen. Der Leiter, den niemand so Recht zu mögen schien und von allen schon einen üblen Spitznamen verpasst bekommen hatte, rief mich zu sich und beschloss, mich frühzeitig nach Hause zu schicken. Ich hielt es zunächst für einen Scherz, doch dann wurde mir klar, dass es sein Ernst war, weil er ein Exempel statuieren wollte oder dringend einen Sündenbock brauchte, weil niemand ihn ernst nahm, wie zum Beispiel das Gelage bewiesen hatte. Er behauptete, dass ich am Vortag die Feuer-Rettungs-Leiter an der Außenfassade der Jugendherberge benutzt haben sollte. Gott ist mein Zeuge, dass ich nur versehentlich kurz die Tür von innen aufgemacht hatte, weil ich die obere Plattform auf den ersten Blick für einen Balkon hielt, und die Tür dann schnell wieder schloss. Vielleicht musste ich in Wirklichkeit gehen, weil die rund zwei Jahre ältere First Lady der ganzen Veranstaltung offensichtlich ein sehr konkretes Auge auf mich geworfen hatte. Den Freizeit-Leiter versuchte ich jedenfalls mit allen Mitteln dazu zu überreden, mich dazubehalten.

Trotzdem fand ich mich später an dem nächstgelegenen, winzigen Bahnhof wieder, wo mich ein anderer Freizeit-Mitarbeiter – bis zu diesem Tag waren wir trotz zehn Jahren Altersunterschieds gute Kumpels – aus dem Auto warf. Der Zug fuhr nach Paris. Dort, so sah es der Fahrplan vor, sollte ich dann nach Frankfurt am Main umsteigen.

Dummerweise endete die erste Bahn im Westen von Paris, und ich musste aber binnen 50 Minuten quer durch die Stadt, um zum Ostbahnhof zu gelangen. Ich ging erstmal auf den Bahnhofsvorplatz. Das Licht war sehr hell. Überall ringsum waren Blumenbeete. Mein Blick fiel auf die Taxis. Und auf die Taxifahrer. Zunächst war ich mir unschlüssig. Ein scheinbar aus Algerien stammender Fahrer sah sehr nett aus, und zum Glück konnte ich Französisch, fiel mir plötzlich ein. „Gare de l'Est, s'il vous plaît", sagte ich. Er fuhr mich direkt ohne Umwege hin, und wir rauchten eine Zigarette, während ich zum ersten Mal Paris bestaunen durfte. Das Verkehrs-Chaos, die angenehm warme Radiostimme aus den Boxen des Taxis, die späte Nachmittagshitze, gutgekleidete Menschen, die Architektur, der Geruch von gutem Essen – was für eine feine Stadt Paris doch ist, dachte ich in diesem Moment. Den Zug nach Frankfurt erwischte ich gerade so.

Was würden wohl meine Eltern machen, wenn ich zuhause ankäme, überlegte ich, und versuchte, die Reise irgendwie trotzdem zu genießen und den Gedanken zu verdrängen, was aber misslang. Es ging bereits auf den Abend zu und kein Sitzplatz war noch frei, sodass ich mich auf den Flur setzte. „Il fait chaud aujourd'hui!", sagte eine ältere Dame beinahe mitleidig, während ich vor mich hindöste. „Oui", entgegnete ich. Irgendwie war es aber dann doch amüsant, nach Hause geschickt zu werden, und ich gefiel mir zunehmend in der Rolle des Weltmannes. Mein Dad holte mich dann auf Gleis 10 in Frankfurt am Main ab. Mit dem Auto fuhr er mich nach Hause. Während der Fahrt schwiegen wir uns an. Ich starrte gelangweilt aus dem Autofenster in die Dunkelheit und musste gähnen. Am nächsten Morgen beim Frühstück dann endlich ein klärendes Gespräch: Er glaubte mir meine Version, die ja stimmte. Mein Dad hatte den Freizeit-Leiter jedenfalls dann einfach aus seinem Hauptjob – vermutlich aus noch ganz anderen Gründen – gefeuert, war er doch sein Vorgesetzter, wie mir plötzlich klar wurde. Da empfand ich Genugtuung.

Wie geplant fuhren wir noch im gleichen Sommer mit der ganzen Familie in das geliebte Frankreich, in die Bretagne. Dann war ich halt in diesem Jahr zweimal in diesem Land. Auf dem Rückweg nahmen wir noch Paris mit.

Trotzdem sollte es lange dauern, bis ich wieder eine Kirche betreten sollte. Das Erlebnis mit der christlichen Freizeit hatte irgendwie auch dazu beigetragen, obwohl mein Dad mal wieder auf der ganzen Linie zu mir hielt. Eine meiner besten Begegnungen mit einem Kirchenmitarbeiter war eigentlich immer der Küster und Hausmeister namens Joseph aus der Gemeinde. Mein Papa hatte ihn selbst eingestellt und damit aus einer schier aussichtslosen Lage befreit.

Der Joseph, ein schmächtiger, gezeichneter und zurückhaltender Mann, circa in der Mitte des Lebens und mit Zigaretten immer bestens bestückt, machte meiner Meinung nach als Handwerker einen tollen Job in der Kirche. Er war im Grunde der netteste Mensch, den man sich vorstellen kann: Kurz nachdem ich mir mein erstes Auto gekauft hatte, einen roten Fiat mit circa 125 PS und Ledersitzen, kam ich am Wochenende einmal nachts nach Hause gefahren. Meine Eltern waren verreist, und so hatte ich die Idee, mal eine Hälfte der für beide Pfarrer dieser Kleinstadt vorgesehenen Doppelgarage auszuprobieren.

Doch irgendwie musste ich die Einfahrt leider knapp verpeilt haben, denn ich landete innen in der linken Längswand. Das Heck meines Fiats lugte schräg aus der Einfahrt heraus, die ziemlich demoliert war. Das hatte wohl einen ordentlichen Rumms gemacht, einige Lichter in den um den Platz angeordneten Häusern gingen alsbald auch an, und es war mir voll peinlich. So fuhr ich also im Rückwärtsgang wieder aus der Garage heraus, parkte den Wagen vor dem Pfarrhaus und verkroch mich erstmal in mein Bett, wo ich bis zum Mittag durchschlafen sollte und erst aufwachte, als jemand die Haustürklingel betätigte.

Ich traute mich erst kaum, die Tür zu öffnen, denn der Einschlag in die Garage hatte sich tief in mein auditives Gedächtnis eingraviert. Vorsichtig schaute ich durch den Türspalt. Es war der Joseph, der lachte und mir mitteilte, dass er die Garage bereits — natürlich diskret und unauffällig — wieder hundertprozentig hergestellt hatte, denn zum Glück war er ja gelernter Maurer. Er wurde weder böse, noch erzählte er jemandem davon.

Solange mein Dad in dieser Kirche Pfarrer war, hatte der Joseph dort einen sicheren Job, schien es mir. Jahrzehnte später erzählte mir jemand, dass der Joseph später von jemand anderem entlassen wurde. Das sollte mich dann sehr traurig stimmen, denn er landete anschließend wohl fast auf der Straße. Der Joseph und ich haben immer am gleichen Tag Geburtstag, und das mit der Garage, das werde ich nie vergessen. Angeblich hängt er jetzt irgendwo perspektivlos an der Flasche — jedes Mal packt mich die blanke Wut, wenn ich an seine Entlassung denke. Das ist Gesellschaft: Wenn jemand nicht spießig und verlogen genug ist, wird er halt rausgeekelt.

Unten

Ich wollte schon ganz früh immer auf eigenen Beinen stehen und hatte nur noch einen Wunsch: möglichst schnell erwachsen zu werden. So eignete ich mir schnell an, was Erwachsene so machen. Meiner eigentlichen Entwicklung war ich schon immer gedanklich und pragmatisch um Jahre voraus.

Ich kann mich noch genau daran erinnern, als ich in dem Alter war, in dem man kaum richtig sprechen kann und noch mit diesen Baby-Hochsitzen mit Reling vorne am Esstisch sitzt. Es erschien mir total albern, mich füttern lassen zu müssen, wollte unbedingt selbst essen, aber war dazu noch außer Stande, was irgendwie Ohnmachtsgefühle erzeugte. Genau so ging es mir später: Ich wollte unbedingt Auto fahren, frei sein, erwachsen sein und all das machen, was damit verbunden sein mag, ohne dies zunächst realisieren zu können, und es kam mir so vor, als ob mich niemand ernst nehmen würde.

Vielleicht war es einfach nur der quälend-große Wunsch, endlich kein Kind mehr sein zu müssen. Aber das Gefühl, immer voraus zu sein und gesellschaftlich nie mein Potential verwirklichen zu dürfen, sollte mich noch mein ganzes Leben verfolgen. Vielleicht resignierte ich auch deswegen schon in frühester Jugend vor der Welt.

Ich hätte schneller etwas daraus machen sollen. Viele dachten später bestimmt, warum schmeißt der fast sein Leben weg, andere Jugendliche müssen ja um ihre Chance im Leben erst kämpfen. Ich selbst fragte mich das wohl noch am meisten. Die Sicherheit, mit der diejenigen, die in der Gesellschaft oben sind, auch scheinbar immer oben bleiben – ich zweifelte sie an. Sie behagte mir kaum noch. Oder ich dachte, das würde schon alles gut gehen, mir kann doch sowieso niemand was anhaben. So gab es immer ein Schwanken zwischen dem Drang, cool unten zu sein und dann aus eigener Kraft etwas ganz Neues entstehen zu lassen, und der scheinbaren Gewissheit, mir alles Mögliche erlauben zu können; meine Eltern oder die Familie würden mir dann, wenn es hart auf hart kommt, schon helfen können. Aber dass mein Leben so aus dem Ruder laufen und havarieren würde, dies hätte ich als Heranwachsender niemandem geglaubt.

Es war zunächst eher ein schleichender, sehr langer Prozess und langsamer Verfall, der bereits zu früh einsetzte, zunächst zaghaft und dann immer drastischer. Ich kehrte schon früh dem Fußballclub den Rücken. Mein erster Fehler, wie mir später klar wurde. „Komm' doch mal wieder zum Training", meinte der Coach, als ich ihn mal irgendwo zufällig traf, oder hatte er mich sogar eigens zuhause angerufen? Stattdessen zog es mich langfristig auf die Straße. Und Partys begeisterten mich auch schon in diesem Alter.

Meinen christlichen Glauben begann ich ebenso wenig später zu verlieren: mein allererster Fehler. Es war keine bewusste, absichtliche Entscheidung und kein durchdachter Bruch, sondern eher ein langsames Vergessen aus Versehen: Wahrscheinlich hatte mir dies deswegen der liebe Gott scheinbar kaum verübelt und mich letztendlich in entscheidenden Momenten bewahrt.

Aber wie vergaß ich Gott? Ich hatte keinen objektiven Grund dazu, denn er hatte mich mit Talenten und guten familiären Voraussetzungen gesegnet. Wahrscheinlich sehnte ich mich weiterhin nach ultimativen Abenteuern und konnte dabei keine derartigen Normen mehr gebrauchen, oder so ähnlich. Dies war natürlich kein bewusster Prozess, sondern ein langsames Vergessen in einem jahrelangen Verfall. Alles begann rückblickend zunächst wie ein unglaublich schöner, jahrelanger Rausch: Damals gab es auf dem Gymnasium nur zweimal in der Woche nachmittags langen Unterricht. Mir schien es, als ob immer schönes Wetter war, junge Frauen mit Blumen in den Haaren lächelten mir zu, ich gab mich in der Sonne exzessiv dem Skateboard hin, im Winter fuhr ich Snowboard, einige mochten mich scheinbar, das Telefon rappelte öfters mal: „Kommst du morgen Abend auf die Party?", „Lass' uns skaten", „Wann können wir zusammen im Proberaum rumjammen?", „Willst du mit nach Chile zum Snowboarden?", „Kommst du mit in die Schweiz?". Mein Grüß-Aufwand im Alltag war in diesem Lebensabschnitt schon relativ hoch. Überall war ich ein halbwegs gerne gesehener Gast, schien es mir. Wenn ich heute daran zurückdenke, sehe ich mich auf einer Wiese stehen mit vielen wunderbaren Blumen, Gesichter ziehen vorbei und Landschaften aus fernen Ländern, sphärische Musik-Klänge, junge Männer und junge Frauen umkreisen mich lachend, alles dreht sich. Doch aus einem selbstbewussten, jungen Mann sollte ein unbeholfenes Wrack werden, mit dem schon am Ende der Schulzeit, mit 20 Jahren, kaum jemand noch etwas zu tun haben wollte.

Die richtigen Junkies hatten sich wahrscheinlich über mich tot-
gelacht, wenn ich mal hin und wieder an einer Tüte zog. Das
Begann bereits im Alter von dreizehn Jahren. Mein Leben plät-
scherte zunächst so angenehm vor sich hin. Vor meinem acht-
zehnten Geburtstag feierte ich zweieinhalb Tage lang, als meine
Eltern und Geschwister mal verreist waren. Bestimmt 50 Gäste
nahmen teil.

Als meine Eltern wider Erwarten früher von ihrer Reise zurück-
kehrten, nahmen ihre Gesichtszüge einen extrem blassen Farb-
ton an. Der Weinkeller war leer, überall im Haus hatten Leute
übernachtet, überall flogen Flaschen und sonstige Überreste des
Gelages herum. Bis zu diesem Zeitpunkt spielte sich alles eher
noch im Bereich des Üblichen ab. Was junge Menschen eben
manchmal so machen. Das war noch so im Bereich einer Holly-
wood-Komödie, wenn auch teilweise ausufernd, und man konnte
das vorher alles größtenteils durchaus gerade so noch mit Humor nehmen.

Mein Leben wurde immer exzessiver. An einem Abend ging ich
mal wieder in einen Techno-Club in Kassel und schoss mich ab.
Auf einmal hatte ich zum ersten Mal in meinem Leben auditive
Halluzinationen. Ich hörte viele Stimmen, die im Chor den Namen meiner damaligen, langjährigen Freundin Sophie riefen, die
auch irgendwo im gleichen Club rumsprang. Auf der Rückfahrt
nach Hause saß ich auf der Rückbank im Auto, mein Blick fiel aus
dem Fenster auf den Mond, der sich verformte und die Farben
ständig wechselte. Was will ich eigentlich in solchen Clubs, fragte
ich mich dann.

Eigentlich wollte ich ja nur auf Sophie aufpassen und fand dann
später vorübergehend gefallen an der Musik. Als ich am nächsten Nachmittag in meiner Wohnung aufwachte, hatte ich Angst,
ließ die Jalousien geschlossen und brauchte Tage, um diesen
Zustand wieder los zu werden. Zu diesem Zeitpunkt hätte ich
schon psychologische Hilfe aufsuchen müsse, wie mir später klar
wurde. Das riet mir auch Sophie manchmal. „Gideon, Du
brauchst dringend Hilfe", sagte sie einmal zu mir.

Wenn ich heute daran zurückdenke, danke ich Gott, dass ich heute ein anderes, schöneres Leben gewonnen habe. Wenn ich diese Wohnung, in der ich damals lebte, heute vor meinem geistigen Auge sehe, dann überkommt mich jedes Mal das Grauen. Oft dachte ich im Wahn, dass die auf dem Bürgersteig vorbeigehenden Leute unter dem Fenster über mich redeten oder über mich lachten. Die Rollos meiner Fenster waren deswegen meist geschlossen.

Ich traute mich manchmal kaum noch, die Wohnung zu verlassen. Nur noch zum Arbeiten ging ich zur Zivildienststelle, wozu ich mich immer überwinden musste. Ich dachte immer, dass alle über mich lachten, wenn ich fröhliche Menschen hörte.

Es sollte fast zwei Jahrzehnte dauern, bis ich Lachgeräusche wieder als angenehm empfinden sollte, ohne mich angegriffen zu fühlen. Durch den Exzess sank mein Selbstbewusstsein so sehr in den Keller, dass ich auch keine Courage mehr hatte, für und vor anderen Menschen Musik zu machen. Oder zu windsurfen. Ich denke, der eigentliche Grund, warum ich das Windsurfen aufgab, war der Exzess, der mir irgendwie das Talent dazu beraubte. Die einzigen Dinge, die noch funktionierten, waren Skateboarding und Snowboarding, weil ich alle Bewegungsabläufe im Schlaf abrufen konnte. Später baute ich mich dann damit wieder Stück für Stück zumindest ein wenig wieder auf. Andere schienen mir dabei auch nebensächlich zu helfen, damit ich wenigsten wieder alleine auf die Straße gehen konnte. Ich tat dies dann eine Weile fast nur noch mit Skateboard, weil ich mich damit sicher fühlte und nicht schlecht fahren konnte. So überwand ich meinen Hangover jedenfalls.

Als ich später Psychologie als Nebenfach studierte, las ich auch viel zum Thema Drogen und Psyche. Ich lernte, wenn man ungünstige gesundheitliche Anlagen hat (wie zum Beispiel ich), kann der Konsum selbst vermeintlich weicher Drogen verheerende Effekte haben und wirklich nur den Anfang zu noch härteren Sachen darstellen. Auch Drogen, die nicht sofort süchtig machen, zerstören das Selbstbewusstsein schleichend, und dies ist genau das Gefährliche mit dem Konsum vermeintlich weicher Drogen.

Eines Tages wurde mir in der Fachbereichsbibliothek klar: Auch wenn weiche Drogen körperlich nicht abhängig machen, sie werden für die psychische Identifikation gebraucht, um sich abzuheben von der Masse, um sich beim Sport zu dopen, um einen vermeintlichen gemeinsamen Nenner zu finden mit anderen, für ein vermeintliches Wir-Gefühl. Und genau darin besteht das psychische Suchtpotential. Das Gefährliche daran ist, dass das Selbstwertgefühl schleichend verschwindet, ohne dass man es merkt, weil es so langsam dauert.

Irgendwann ist man nur noch ein Schatten seiner selbst, gibt auf und hat keinen Elan mehr, die Tage positiv mit Schwung anzugehen. Doch man realisiert es gar nicht, weil der Sinkflug extrem lange dauert. Dieser Dämon namens Drogen ist einer der heimtückischsten Dinge, die existieren, denn er macht einen kaputt.

Kulturschock

Manchmal dachte ich auch, dass die Großstadt mich krankmachte. Der Aufprall zweier verschiedener Welten war einfach zu groß. Als ich mit zwei Kumpels in eine WG zog, lag ich einmal abends auf meinem Bett und starrte die Decke über mir an. Nur 2,5 Meter über mir war das nächste Apartment. Hinter der Wand neben mir ein Mitbewohner. Hinter der anderen Wand unsere Wohnküche, wo auch meistens Menschen saßen. Und nur 2,5 Meter unter mir ebenfalls ein Apartment. Ich blickte aus dem Fenster und betrachtete das nächste Gebäude. Dort war es ebenfalls so. Überall in der Stadt lebten die Menschen so, wie in Käfigen. Apartment neben Apartment, Wohnung über Wohnung, Haus neben Haus, Straße an Straße. Ohne eigenes Auto bedurfte es einer Bus- oder Bahnreise, um der Betonwüste zu entkommen. Um das Gefühl der Einpferchung zu bekämpfen, intensivierte ich meine Skateboarding-Sessions wieder, von denen ich oft erst in der Abenddämmerung zurückkehren sollte. Morgens und abends oder auch nachts widmete ich mich dem Studium. Dies brachte mich dann wieder langfristig mental gut drauf. Ich bekämpfte damit die physische Enge.

Es kam mir vor wie ein Kulturschock, der darin bestand, zu erkennen, dass ich in einem apartmentartigen, viel zu kleinen Habitat für Menschen vor mich hinvegetierte, so wie andere auch, träumte ich doch schon lange von einem eigenen Haus, wo bis zum nächsten Grundstück und zum nächsten Menschen mehr als 2,5 Meter Distanz lagen. Diese vertikale Wohnweise schüchterte mich irgendwie ein und war mir gänzlich zuwider. Als Individualist in der Masse urbaner Bewohner anonym zu verschwinden, schmerzte mich zusätzlich. Da vermisste ich zum ersten Mal in meinem Leben die räumlichen Freiheiten der von Wäldern und Feldern umgebenen Kleinstadt, in der ich aufgewachsen war. Doch ich wusste, es gab kein Entrinnen vor dem Moloch namens Großstadt, denn nur dort gab es Universitäten.

Hiob

Irgendwann, es war im Frühling 1997, begann ein neuer Lebensabschnitt: Ich nahm ein Studium in Marburg an der Lahn mit dem vagen Ziel auf, einen redaktionellen Medienberuf zu ergreifen. Vor der Einführungs- und Kennenlernwoche graute mir. Ich fühlte mich unwohl in meinem Outfit und fehlte dann auch aus anderen Gründen. Jedenfalls nahm ich meinen letzten Mut zusammen, um mich vorsichtig an das Studium heranzutasten. Während dieses gesamten Lebensabschnitts sollte ich nur über das Skateboard mit anderen Menschen einen Konsens bilden, sodass meine wenigen privaten Kontakte ausschließlich außerhalb der Universität angesiedelt waren.

Je länger ich studierte, umso mehr wurde mir auch mein eigentliches Berufsziel wieder bewusst. So schwor ich den Exzessen zwar irgendwann ab und beschloss, mein Leben wieder positiver zu gestalten und mich zu mäßigen. Die Halluzinationen kamen später trotzdem wieder. Und dieses Mal scheinbar endgültig. Es geschah in einer Phase meines Lebens, in der ich seit Langem wieder begann, mir eigenständige Gedanken zu meiner Umgebung, zu mir selbst und über die Gesellschaft zu machen. Vorher hatte ich lange Zeit unbewusst gelebt und machte mir nie großartige Gedanken um mich und die Welt, Hauptsache, ich hatte Spaß. Natürlich konnte ich schon vorher denken, aber dies geschah nie autonom, sondern eher im Rahmen von Hausaufgaben für das Gymnasium oder während des Unterrichts. Aber freie, eigene Gedanken, die aus mir selbst als unabhängiges, souverän denkendes Individuum geradezu hervorbrachen, hatte ich seit meiner Kindheit schon lange nicht mehr erlebt. Und gerade, als ich mich darüber freute, brach etwas wie aus heiterem Himmel über mich herein, wie eine Bestrafung dafür, dass ich begann zu denken und dadurch aus einem konsumfreudigen, unbewusst lebenden jungen Mann, der in seinem Hedonismus nie etwas kritisch infrage gestellt hatte, plötzlich wieder ein nachdenklicher, beinahe unbequemer Geist wurde.

Diesen Tag werde ich nie vergessen: Ich studierte immer noch in Marburg an der Lahn. Es war ein kalter, grauer Herbsttag im November, an dem ich nach Einbruch der Dunkelheit meinen Schreibtisch in meinem Zimmer verließ, um im Schlosspark alleine einen Spaziergang zu machen. Irgendwie unheimlich. Vorbei am alten Schloss, wo eine Burschenschaft Zimmer mit Internetzugang vermietete, gelangte ich in den Park. Im Dunkeln wirkte alles so grotesk. Besonders die kleinen Statuen und Verzierungen an den Gebäuden.

Zum ersten Mal wurde mir bewusst, dass ich hier schon seit Jahren alleine vor mich hinstudierte. Einsamkeit auf einer Insel oder in der freien Natur in den Bergen ist wunderschön und anthropologisch betrachtet der Traum schon so manch eines Aussteigers innerhalb der Geschichte der Menschheit. Aber in der Stadt kann sie zur Falle werden. Denn man sieht und hört ständig andere Menschen, ohne aber mit ihnen interagieren zu können. Wie in einem nach oben offenen Glaskäfig, in den es ständig reinregnet, bis man ertrinkt. Als ich in mein Zimmer zurückkehrte, drehte ich die Heizung an – zum ersten Mal in diesem Herbst –, nahm mir meine Gitarre und lehnte meinen Rücken gegen die aus den siebziger Jahren stammenden Heizkörper. Das war so gegen 18 Uhr. Nachdem ich eine Weile vor mich hinspielte, hörte ich sie plötzlich, diese gehässige, scharf-schneidende Stimme, die mich mit zynischen, düsteren und hasserfüllten Schimpfwörtern überzog, die man besser unausgesprochen lässt: „Gideon, du (...)".

Ich hatte im ersten Moment gehofft, meine Flurnachbarn würden Späßchen machen mit technischen Hilfsmitteln – Doppelwanzen oder so –, doch ich verwarf diesen Gedanken wenig später, und mir wurde schnell klar, dass ich unheilbar krank geworden war.

Da hob ich meinem Kopf, blickte zum Himmel und wollte schreien, was aber misslang, denn es verschlug mir auch vorübergehend die Sprache. So setzte ich mich wieder an den Schreibtisch und begann, an einer Hausarbeit für die Uni zu schreiben. Da war sie wieder, diese gehässige Stimme. „Gideon, du bist ein (...), na los, schlag die Seite um, na los, schneller, mach schon, du (...)." Im Laufe der Jahre sollte ich diese Halluzination hassen lernen, denn ich hörte sie beim Studieren ständig. In der Bibliothek, am Schreibtisch in der Wohnung oder sonst wo beim Lesen, jede Sekunde.

Ich hätte mich sofort am nächsten Tag bei einem Facharzt melden sollen. Doch zu groß war die Angst vor Freiheitsberaubung, psychiatrischer Anstalt, Studienabbruch und Karriereende. Ein weiterer Fehler: Kein Mensch mit so einem schweren Symptom sollte sich einer Behandlung entziehen, und wie ich im Folgenden mit der Symptomatik umging, soll keineswegs als universelles Vorbild dienen. Denn je länger man es aufschiebt, umso schlimmer entwickelt sich das Problem und wird chronisch. Erst acht Jahre nach Ausbruch der Symptomatik sollte ich mich zunächst widerwillig in Behandlung begeben.

Das Komische an dem Symptom war: Vorher schaffte ich in den Klausuren, Hausarbeiten und Referaten an der Universität immer nur eine Drei oder Vier und selten mal eine Zwei. Nachdem mir klar wurde, dass ich eine schwer heilbare oder sogar auch unheilbare psychische Krankheit davongetragen hatte, erwartete ich eine Trübung meines Verstandes und den Wegfall meiner Intelligenz. Doch dies geschah zum Glück nicht. Ich stand jeden Morgen auf und dachte, heute drehe ich vollkommen durch und bald würde alles vorbei sein mit meiner Existenz.

Aber – obwohl sich die Symptomatik von Jahreszeit zu Jahreszeit verschärfte – geschah mit meinem Verstand das genaue Gegenteil, und dies ist das Wunder Gottes: Nach Ausbruch der Krankheit verschanzte ich mich in den Bibliotheken oder vertiefte mich im Zimmer noch mehr in das Studium.

Fortan gab es nur noch eine Eins oder selten eine Zwei. Ich hatte also gleichzeitig einen ungeheuren Leistungsschub. Genie und Wahnsinn liegen dicht zusammen: Dieser ausgelutschte Spruch traf auf mich völlig zu. Kein Mensch scheint mir das bisher so zu glauben, wenn ich es heute erzähle. Es war aber wirklich so. Ich konnte weiterhin klar denken, an der Uni Referate halten, Klausuren bestehen, Hausarbeiten zu wissenschaftlichen Fragestellungen schreiben, Vorlesungen folgen, mit Professorinnen und Professoren normal korrespondieren und sprechen. Ohne Behandlung, ohne Medikament, ohne Arzt, ohne irgendwen, von dem ich mir hätte helfen lassen wollen.

Denn trotz der Dunkelheit des Symptoms, das mich beim Studieren extrem behinderte, schien mich Gott nie alleine zu lassen.

Als Jesus zurückkam

Im ersten Sommer, den ich mit dem Symptom verbrachte, es war das Jahr 2001, konnte ich einmal eine Woche nicht mehr schlafen und die Halluzination in Form der Stimme hörte ich nachts furchtbar laut. Mein Puls ging dabei auf die 200 zu und ich dachte, jetzt sterbe ich. Da betete ich zum ersten Mal seit zehn Jahren zu Jesus: um Vergebung, und ob er mich bitte aus der Dunkelheit meiner damals traurigen Existenz wieder herausholen würde. Ich versprach ihm, mein privates Leben immer nach ihm auszurichten und bat ihn um Erfolg in meinem Studium. Das kam mir wie ein Pakt vor. Fast im gleichen Moment blitzte und donnerte es über der Stadt und es begann zu regnen, was mich ungemein beruhigte, sodass ich endlich mal wieder ein bisschen schlafen konnte. Ich beschloss, mein Leben endgültig zu ändern und das Studium zu Ende zu bringen. Aber wie kann man so etwas bewerkstelligen, wenn man im Kopf ständig eine Stimme hört? Es ist ein Wunder Gottes, dass meine Intelligenz trotz dieses Symptoms erhalten blieb und sich meinen Noten nach zu urteilen sogar noch erhöht hatte.

Sozial war ich jedoch ein ziemlicher Krüppel geworden. Selbst meine eigenen Geschwister sah ich kaum noch, weil ich mit niemandem etwas zu tun haben wollte. Warum das so war, bleibt mir unerklärlich. Jedenfalls isolierte ich mich zunehmend freiwillig, wie in einem selbst auferlegten Experiment. Vielleicht kam ich mir romantisch dabei vor, mich alleine gegen den Rest der Welt zu behaupten.

Ich hatte zu diesem Zeitpunkt keinen einzigen Freund, Kumpel oder Bekannten mehr, oder wie auch immer ich meine vorherigen Kontakte hätte bezeichnen dürfen. Auch meinen letzten Wagen, ein britisches Auto, einen blauen Original-Mini von der Insel mit Mahagoni-Schaltknauf, Mahagoni-Lenkrad und Dachluke, hatte ich zu diesem Zeitpunkt schon lange verkauft. Wie sehr ich alledem nachtrauerte: Das Skateboard in den kleinen Kofferraum legen und zu einem Spot fahren. Oder die Snowboards auf den Dachgepäckträger legen und in die Schweiz fahren. Wenn man Gas gab, sirrten immer die Boxen im Heck des Wagens, was sich dann total spacig anhörte und wohl auf einen Fehler in der Bordelektronik zurückging. Manchmal sprang der Wagen nicht an, sodass ich entweder mit einem Hammer gegen den Anlasser schlagen musste oder vorausschauend abschüssig parkte, um den Wagen anzuschieben. Die Höchstgeschwindigkeit war nur 135 km/h, wobei der Hubraum des Motors schon an seine Grenzen stieß. Alles war mit der Zeit Stück für Stück verlorengegangen, und dies wurde mir erst jetzt bewusst.

Da musste ich an das Buch Hiob aus dem Alten Testament denken: Hiob war ein Mann, der alles verloren hatte, genau wie ich, aber es gab auch viele Unterschiede zwischen mir und ihm. Er hatte viel mehr als ich: eine Frau, sieben Söhne, drei Töchter, ein Haus und riesige Herden. Und: Hiob war ein Mann mit einer scheinbar weißen Weste, der im Gegensatz zu mir Gottes Gebote ganz genau eingehalten hatte.

Eines Tages wurde Gott vom Teufel aufgesucht und dieser sagte zu Gott, dass Hiob sich für immer von ihm abwenden würde, wenn man ihm seinen Reichtum wegnähme. Daraufhin erwiderte Gott (Hiob 1, Vers 12; Luther 2002): „Siehe, alles, was er hat, sei in deiner Hand; nur an ihn selbst lege deine Hand nicht." Hiob verlor alles: seine Herden, sein Haus, sein Land, seine Familie.

Der Teufel kehrte zurück zu Gott und forderte von ihm, Hiob mit Krankheiten zu übersähen, weil Hiob ihn dann verwerfen würde. Da antwortete Gott (Hiob 2, Vers 6; Luther 2002): „Siehe, da, er sei in deiner Hand; doch schone sein Leben!" So überzog der Teufel den Hiob zusätzlich mit Geschwüren. Das Einzige, was ihm blieb, war seine Frau sowie drei Freunde, die ihn nun besuchten, um ihm beizustehen. Hiob sehnte dann seinen Tod herbei und klagte zudem Gott an, was seine Freunde, darunter Elifas von Teman, ihm versuchten, tröstend auszureden (Hiob 15, Verse 15-16; Luther 2002): „Siehe, seinen Heiligen traut Gott nicht, und selbst die Himmel sind nicht rein vor ihm. Wie viel weniger der Mensch, der gräulich und verderbt ist, der Unrecht säuft wie Wasser!"

Dennoch sagte Hiob, dass er als tadelloser Mann keine Bestrafung verdiene und klagte Gott damit weiterhin an. Dieser antwortete ihm, nachdem er lange geschwiegen hatte, indem er seine Schöpfung und seine Macht erklärte (Hiob 38, Verse 25-32;

Luther 2002): „Wer hat dem Platzregen seine Bahn gebrochen und den Weg dem Blitz und Donner, dass es regnet aufs Land, wo niemand ist, in der Wüste, wo kein Mensch ist, damit Einöde und Wildnis gesättigt werden und das Gras wächst? Wer ist des Regens Vater? Wer hat die Tropfen des Taus gezeugt? (...) Kannst du die Bande des Siebengestirns zusammenbinden oder den Gürtel des Orion auflösen? Kannst du die Sterne des Tierkreises aufgehen lassen zur rechten Zeit oder die Bärin samt ihren Jungen herausführen?"

Daraufhin entschuldigte sich Hiob bei Gott (Hiob 42, Vers 2; Luther 2002): „Ich erkenne, dass du alles vermagst, und nichts, das du dir vorgenommen, ist dir zu schwer." Anschließend erhielt Hiob das Doppelte von allem, was er verloren hatte, zurück. Er wurde sehr alt und hatte zahlreiche Nachkommen.

Ich selbst hatte zwar nach dem Millennium keine riesigen Besitztümer verloren, sondern nur einen Mini mit 45 PS, weil ich es mir kaum noch leisten konnte. Aber Hiob hatte wenigstens noch Freunde. Und eine Frau. Meine eigene langjährige Freundin Sophie und ein guter Kumpel namens Oliver, mit dem ich phasenweise wirklich alle Interessen oder Hobbys intensiv teilte und auch in Sachen Snowboard schon in Südamerika gewesen war, hatten sich schon einige Zeit vorher ineinander verliebt. Ich zog mich daraufhin aus dem teils gemeinsamen sozialen Umfeld schrittweise zurück. Dann auch noch die plötzliche Erkrankung. Da begriff ich, vielleicht spielte sich in meinem Leben so etwas Ähnliches ab wie bei Hiob. Nur bei mir als Bestrafung, weil ich Gott für ein extrem hedonistisches Leben vergessen hatte. In diesem Moment verwarf ich alle entsprechenden Erfahrungen. Allerdings sollte es noch weiter nach unten gehen.

Man kann sich sicherlich darüber streiten, ob es ein strafender oder gütiger Gott ist. Ich denke, dass er gütig und freundlich gesonnen ist und dass es ein gebender, belohnender Gott ist, aber er kann eben manchmal auch strafen, wenn man es darauf anlegt. Hiob bekam jedenfalls alles und noch mehr von Gott zurück. Und dies hoffte ich auch in dieser Nacht, als es über der

Stadt blitzte, donnerte und regnete, während ich Gott, Jesus und dem Heiligen Geist versprach, mein privates Leben wieder nach ihm als Einheit auszurichten und ihn wieder anzuerkennen.

Diese Hoffnung hielt mich jahrelang am Leben. Und sie sollte sich erfüllen, jedoch erst etwas später, als ich mir dies damals wünschte, weil das mit dem Lebenswandel zunächst ein Prozess war. So, wie ich einst Gott allmählich vergessen hatte, kam er langsam in mein Leben zurück, bis aus meinem Glauben wieder eine Gewissheit wurde.

Seitdem scheint es mir manchmal so, wenn ich schlafe, als ob nachts Engel zu mir sprächen und mir den Ausgang ungewisser Dinge für die Zukunft verraten. Ich halte das für völlig normal, dass man zum Beispiel auf diese Art Antworten erhält, wenn man Jesus kennt, christliche Gebote einhält und jeden Tag betet. Bei anderen Christen mag sich Gott auf andere Weise offenbaren.

Es hatte mir damals sehr geholfen, in der Dunkelheit des Symptoms nachts und schlafend fortan auch manchmal etwas Beruhigendes, Positives zu hören, dass von oben zu kommen und mich fortan öfters zu leiten schien.

Neue Weltordnung

Während der Winterferien fuhr ich – stets zusammen mit dem Symptom – immer zum Snowboarden in die Alpen, und dies war für mich der Höhepunkt eines jeden Jahres, aber ich tat dies alleine, was nicht mehr so viel Spaß machte und auch gefährlicher war als zu zweit oder zu dritt. Aber die Aussicht auf den Schnee, die Berge und Snowboarden trieben mich in meinem Leben insgesamt an. Einmal fuhr ich mit dem Bus in die Hohen Tauern in Österreich, wo ich ein Ferienzimmer anmietete. Während meiner abendlichen Ankunft schneite es bereits heftig, und meine Vorfreude war riesig.

Am nächsten Morgen war die Sicht besser, allerdings stürmte es ohne Ende. Ich fuhr also mit dem Sessellift hoch, lief noch ein Stück weiter, um besser in das freie Terrain zu gelangen, und machte meine Baseless-Bindung endlich zu. Plötzlich verschlechterte sich die Sicht, aber ich ließ mich trotzdem einfach in das Gelände fallen. Man konnte kaum noch was sehen, weswegen ich mich auch schlecht orientieren konnte, obwohl ich den Hang natürlich vorher ausgiebig studiert hatte. Da packte mich eine extreme Sturm-Böe und es kam mir vor wie eine große Hand, die mich durch das Gelände hievte. Irgendwie spuckte mich die Bergflanke wieder wohlbehalten unten aus.

In diesem Moment dachte ich, dass mir Gott in der Natur begegnet war, auf mich aufpasste und mich nie im Stich ließ. Noch nie in meinem Leben hatte ich mich so geborgen gefühlt, als der Sturm mich im Schnee durchrüttelte. Gleichzeitig fühlte ich mich klein und unbedeutend, sodass ich wieder an Hiob aus dem Alten Testament dachte (Hiob 38, Verse 19-24; Luther 2002): „Welches ist der Weg dahin, wo das Licht wohnt, und welches ist die Stätte der Finsternis, dass du sie zu ihrem Gebiet bringen könntest und kennen die Pfade zu ihrem Hause? Du weißt es ja; denn zu der Zeit wurdest du geboren, und deine Tage sind sehr viel! Bist du gewesen, wo der Schnee herkommt, oder hast du gesehen, wo der Hagel herkommt, die ich verwahrt habe für die Zeit der Trübsal und des Krieges? Welches ist der Weg dahin, wo das Licht sich teilt und der Ostwind hinfährt über die Erde?"

Das Snowboarden war damals irgendwie ein Teil meines Glaubens. Ich dachte immer, wenn ich im freien Gelände zu Werke gehe oder manchmal auch von einem Grat oder sogar von Gipfeln im unberührten Terrain heruntersurfte, dass das für Gott ein Beweis meines Vertrauens in ihn wäre. Ich fuhr immer ohne Sicherheitsausrüstung und dachte immer, Gott wird mich schon beschützen dabei.

Ein anderes Mal knirschte der Schnee schon so tieffrequentverdächtig. Ich stoppte sofort. Plötzlich bildeten sich überall tiefe Risse im Schnee um mich herum, „Gruuuch", ächzte der Schnee.

Als nächstes würde es dumpf „Bumm" machen, ich auf einem großen, sich in den Rissen so gut wie herausgebildeten Schneebrett nach unten gezogen werden und das war es dann, dachte ich nur noch. Der Knall blieb aus, ich fuhr vorsichtig aus dem gerissenen Hang heraus, wieder mal Glück gehabt. Einmal wurde ich von einer kleinen Lawine etwas gewaschen, aber es erschien mir ungefährlich, als ich aus ihr herausfuhr, mich setzte und in die Sonne blinzelte. Heute würde ich das so nicht mehr machen, aber ich fahre auch inzwischen total lahm, weil ich eine Verantwortung habe gegenüber meiner eigenen Familie und schon ein wenig älter bin. Man soll Gott nicht versuchen und den Schutzengel zu sehr beschäftigen. Aber ich hatte riesigen Spaß dabei und es baute mich sportlich unendlich auf. Heute sehe ich diesen Sport gelassener und bin auch in der Sache „altersmilde" geworden, so als ob ich meinen Frieden damit gemacht hätte.

In der Stadt Marburg, wo ich studierte, kam ich mir damals immer wie eingesperrt vor mit meinen Büchern, einem Computer und dem Symptom. Im Winter kostete ich dann immer den Geschmack der Freiheit in den Bergen, wenigstens für eine Woche oder zehn Tage. Auf der Rückfahrt dachte ich dann immer, ich komme nächstes Jahr wieder zurück und würde das Jahr in der Stadt schon irgendwie überleben und mich so lang mit dem Skateboard trickmäßig fit halten. Die Aussicht darauf und wie ich im Sommer dann an meine Airs und inzwischen kleinen Lines zurückdenken konnte, ließen mich das ganze Studium mit dem Symptom irgendwie alleine überdauern. Die Stadt und das Symptom wurden so eine Art Gefängnis für mich, aus dem ich ein- bis zweimal im Jahr entkommen konnte.

Die Halluzination wurde immer lauter. Gleichzeitig wusste ich, dass meine einzige berufliche Chance, die mir noch blieb, darin bestand, die Universität mit möglichst hohen Noten zu absolvieren und somit alles auf eine Karte zu setzen. Hätte ich mich zu diesem Zeitpunkt in psychiatrische Behandlung begeben, wäre dies meiner damaligen Meinung nach gefährdet gewesen, denn ich war damals überzeugt, dass ich für immer weggeschlossen werden würde, wenn mein gesundheitlicher Zustand an das Licht

käme. Mein Haupt-Fokus an der Uni war die Medienwissen-
schaft, ich beschäftigte mich auch mit deutscher Literatur, wobei
ich als Nebenfächer Europäische Ethnologie und selbst auch
Psychologie studierte. Zu viele Horrorgeschichten hatte ich bereits gelesen über Patienten, die man noch in den 70er Jahren
des 20. Jahrhunderts in Anstalten für immer wegsperrte, mit erheblich leichteren Problemen als ich.

So hielt ich es für das Beste, erstmal abzuwarten bis ich jemanden träfe, der mir eventuell einen liberalen Arzt empfehlen
würde. Denn ich wusste, als psychiatrischer Patient ist man total
auf die Gunst des behandelnden Arztes angewiesen. Ich traute
dieser Wissenschaft kaum, denn erst seit den 60er Jahren des
20. Jahrhunderts entstand die moderne Methodik für dieses
Fach. Wie konnte eine noch so junge Wissenschaft, die auf wa-
ckeligen Beinen steht, über die Freiheit oder Unfreiheit von
Menschen entscheiden und bereits so eine hohe Funktion in einer Gesellschaft haben?

Damals nach dem Millennium war es eher so ein Überlebensins-
tinkt von mir, mich nicht sofort behandeln zu lassen. Dass man
mit so einer Diagnose marginalisiert wird und einem nur auf-
grund der Erkrankung kriminellere Neigungen unterstellt werden
als vermeintlich „gesunden" Menschen, sollte ich auch noch am
eigenen Leib erfahren. Ich wusste immer, irgendwann würde ich
mit der Krankheit auffliegen. Irgendjemandem würde es auffal-
len. Mein Plan war es, diesen Moment möglichst lange heraus-
zuzögern, um Zeit für meinen Studienabschluss und den Berufs-
einstieg zu gewinnen. Ich hatte also eine Falle in mir in Form des
Symptoms. Die Gefahr bestand darin: Würde es ärztlicherseits
jemand zu früh bemerken, hätte ich karrieremäßig erstmal ein-
packen können – so sah ich es damals. Aber würde ich den Uni-
Abschluss noch schaffen, oder sollte ich scheitern, weil ich vorher völlig durchknallte?

Die einzige Ablenkung, die mir damals vom Symptom noch blieb,
war eine Workstation. Damit spielte ich abends und nachts immer viel, denn ich merkte bald, dass mich der Konsum von Musik

vom Symptom ablenkte und ich es darüber vergessen konnte. So hing ich in jeder freien Minute an der Maschine und programmierte Breakbeats und Basslinien und bearbeitete Samples. Das Gerät verfügte über einen Sampling-Recorder, einen Sequenzer mit vielen Spuren, einen Prozessor mit dutzenden digitalen Effekten sowie eine gewichtete, breite Tastatur. Voller Enthusiasmus verschmolz ich mit der Maschine, kroch begeistert in sie hinein, lernte jeden Winkel, jede Funktion kennen. Oft erreichte ich bei den Sessions nach fünf bis sieben Stunden nachts endlich den ersehnten Punkt, an dem sich mein Gehirn am frontalen Cortex zusammenzog, mir am ganzen Körper kalt wurde und mich die Krämpfe hinter der Stirn, die sich durch das Innere meines Kopfes den Rücken herabzogen, in den Schlaf rüttelten, während ich überall zuckte und fror.

Bemerkenswert daran war, dass ich vor dem Kauf dieser Workstation erst einmal ganz kurz auditive Halluzinationen in einem Techno-Club hatte, doch diese suchten mich circa ein Jahr nach der Aufnahme meiner Sessions mit dem Sampler erst langfristig heim. Von heute aus zurückblickend hängen der Ausbruch meiner Halluzinationen und die Gehirnkrämpfe schon irgendwie zusammen. Denn mein Cortex vibrierte und zuckte zuerst, weil ich mit der Workstation darauf hinarbeitete. Erst dann kamen die auditiven Halluzinationen dazu. Vielleicht war es kaum auschlaggebend, aber doch dafür relevant.

An 9/11 erinnere ich mich noch ganz genau: Nachdem ich wie immer nachts an meiner Workstation Klänge entworfen und programmiert hatte, wachte ich morgens so um 9.30 Uhr auf, um in eine Vorlesung zu gehen, die um 11.15 Uhr beginnen sollte. Der Toaster warf zwei Scheiben aus – „Klack" –, die Kaffeemaschine kochte und dampfte – „Brrrrrompfzsch" –, und schon saß ich in meinem weichen, grünen Vintage-Sessel, schaltete den Fernseher an, klickte mich kauend durch die Programme und blieb dann bei CNN oder BBC hängen, um das Frühstück abzubrechen. Denn dort sah ich in einer Aufzeichnung, wie zunächst ein Flugobjekt in das World Trade Center krachte, alles anfing zu brennen, und wenig später noch ein zweites Ding in den anderen

Turm flog. Es war unfassbar: Die Kameras zeigten Menschen, die schreiend durch die Straßen liefen. Manchmal auch Leute, die sich in den oberen Stockwerken der Türme aufhielten und dann sprangen, weil die Hitze zu groß war. Es war furchtbar, wie die Menschen ewig lange herabstürzten, um dann unten in der Straße auf den Asphalt zu krachen. Ich litt mit den sterbenden Menschen mit.

Mein erster Gedanke war, wer wohl Zivilisten einfach so angreifen könnte und dass dies kein Unfall gewesen sein konnte. Wenige Minuten später erklärte der Kommentator dann, dass es Flugzeuge waren, die in das World Trade Center gesteuert worden waren. Da wusste ich sofort, dass das politisch oder religiös motiviert war, einen historischen Einschnitt bedeutete und eine ganz neue Weltordnung nach sich ziehen würde.

Mein zweiter Gedanke galt der Tatsache, dass meine Eltern zu diesem Zeitpunkt schon für längere Zeit nach Äthiopien gezogen waren, und ob mir dadurch im Zusammenhang mit der damals neuen Weltordnung wohl noch Probleme entstehen könnten. Schließlich machte dies meinen Heimweg ein gutes Stück länger.

Äthiopien – das Dach Afrikas

Meine erste Reise nach Äthiopien war im Herbst 2001. Mein Dad arbeitete in der Hauptstadt Addis Abeba als Pfarrer und in der dortigen deutschen Botschaftsschule als Religions-Lehrer. Zudem leitete er dort ein riesiges Projekt für Straßenkinder, das er Ex-Bundespräsident Horst Köhler und Altkanzler Gerhard Schröder schon mal persönlich vorgestellt hatte: voll cool.

Es war meine erste Reise nach Afrika. Zunächst war ich unsicher und hatte gar keine Lust, weil ich dachte, das schaffe ich kaum mit dem Symptom. Nachdem ich im Reisebüro in der Wilhelmstraße in Marburg war, kam dann doch so etwas wie Freude auf, denn der Anblick des Flugplans beruhigte mich irgendwie. Ich war 26 Jahre alt und flog zum ersten Mal alleine. Es war ein Nachtflug. Ich saß die ganze Zeit am Fensterplatz neben den Triebwerken. Lautes Dröhnen. Ich drückte kein Auge zu, starrte sieben Stunden vor mich hin. Und hörte die halluzinative Stimme. Ganz laut: „Gideon, du (…)". Immer wieder. Ich habe zu keinem Zeitpunkt meines Lebens irgendetwas auf den Inhalt der Halluzinationen gegeben, so auch in diesem Moment. Ich lebte immer in dem Bewusstsein, dass der semantische Inhalt Unsinn war und wusste immer, das passiert nur in meinem Kopf, und zum Glück merkte es mir niemand an. So fühlte ich mich im Flieger trotzdem sehr wohl in meiner Haut und freute mich, mal nach Afrika zu gelangen.

Neben mir saß ein vornehmer Herr aus Äthiopien mit Anzug. Hätte ich mir doch auch bessere Sachen zum Anziehen mitgenommen, ging es mir durch den Kopf. Er trank Wein, und dies warf ihn dann so leicht aus der Bahn. Seine Decke fiel auf den Boden, sodass ich sie aufhob und ihm wieder auf den Sitz legte. Das beruhigte mich dann irgendwie, ebenso wie die hübschen äthiopischen Flugbegleiterinnen, mit denen er bei jeder sich bietenden Gelegenheit augenzwinkernd palaverte und schäkerte. Es roch nach Parfum. Der Tonfall, indem sich alle im Flugzeug in einer mir fremden Sprache unterhielten, war sehr angenehm. Es muss eine semitische Sprache sein, wahrscheinlich amharisch, dachte ich in diesem Moment.

Nach der Landung ging ich durch die Formalitäten am Flughafen. Es beruhigte mich noch mehr, wieder unter vielen Menschen zu sein, anstatt sie nur aufgereiht in Flugzeug-Sitzen von hinten zu sehen. Da kamen auch schon vor der Eingangshalle des Bole Airports zu Addis Abeba auf dem Parkplatz meine Eltern mit dem Land Rover um die Ecke. Ich sah sie nach fast zwei Jahren zum ersten Mal und fühlte mich in Afrika gleich wie zu Hause.

Wir fuhren circa eine halbe Stunde durch die Stadt, eine Neun-Millionen-Einwohner-Metropole, und erreichten das dortige Wohnhaus meiner Eltern auf einem Kirchengelände. Zwar mit Mauern darum herum, aber wenn man erstmal drin ist – die

Security ist immer total nett und hat Schäferhunde –, sieht man die Umgrenzung kaum, weil es zum Beispiel Palmen und Blumen gibt. Quasi eine Oase mitten in der City. Da freute ich mich, sodass ich vor Erleichterung den ganzen Tag bis zum nächsten Morgen durchschlief.

Ich wachte so um fünf Uhr morgens auf, als ich den Gesang eines Muezzins hörte, der zum Sonnenaufgang von einem Minarett in unserem Viertel orientalische Melodien mit einem Megaphon in die Stadt hineinsang. Mein Fenster war in der zweiten Etage des Hauses die ganze Nacht unauffällig geöffnet gewesen, und der Gebetsruf löste die nächtlichen City-Geräusche auf angenehme Weise ab. Dieser tiefe, lakonische und Orient-Zauber verströmende Gesang wog mich schon bald wieder in den Schlaf. Um 5.30 Uhr wachte ich erneut auf: Dieses Mal erklang von der orthodoxen Kirche, ebenfalls per Megaphon, der morgendliche Gebetsruf. Somit löste ein Sänger den anderen ab. Wenig später wiederholte sich das Ganze durch einen dritten, anderen Sing-Sang, so schien es mir. Dieses Ritual sollte sich dann jeden Morgen abspielen, sodass ich jede Nacht das Fenster kippte, um die Stadt sowie die morgendlichen Weckrufe zu hören.

Als ich endgültig aufwachte, war ich voller Tatendrang. Ich hatte meine Super-8-Kamera dabei, denn in den 1990er Jahren gab es mal ein Revival und ich hatte das Gerät immer noch, trotz digitalem Wandel. Erstmal ging ich ins Esszimmer. Meine Eltern hatten sogar eine nette Köchin, die hervorragend afrikanisch kochen konnte und das Mittagessen servierte. Anschließend gab mir mein Dad einen Stadtplan. Ich blickte aus der Eingangstür des Hauses in den Garten hinein. Dort hinter den Palmen war das bewachte Tor irgendwo. Ich fasste mir ein Herz, fragte die Security, ob man die Tür öffnen könnte, und schon verschluckte mich die riesige Metropole.

Das war alles total aufregend: Ich wollte die Stadt mit der Kamera porträtieren, beschäftigte ich mich an der Uni doch auch mit den Medien Film und Fotografie. Irgendwie fühlte ich mich dort völlig sicher. Natürlich fiel ich als Weißer auf, aber die Passanten blickten mich stets freundlich an. So viele wohlwollende Blicke hatte ich bis dahin noch nie abbekommen. Es war im ostafrikanischen Frühling im November. Die – wohl importierten – Bäume in der Mitte der Straßen blühten. Der Geruch von Viertakter-Motoren stieg mir in die Nase, und es roch zusätzlich nach verbrannten Eukalyptuszweigen, die vermutlich in den Ghettos der Stadt zum Kochen benutzt wurden. Überall sah man blaue Taxis, Studierende mit Uniformen machten ihren Vor-Feierabend, Geschäftsmänner mit vornehmen Anzügen eilten umher, Verkäufer warteten vor ihren Läden auf Kundschaft, Schuhputzer verrichteten ihre Arbeit, die Restaurants waren zur Mittagszeit gut besucht und überall rankten exotische Gewächse entlang der Straßen, Alleen und Gassen. Mir wurde zunehmend klar, während ich mich vom Wohnhaus meiner Eltern entfernte, dass mir dieses chaotische, lebhafte Straßenbild sehr zusagte und dass mir die Äthiopier im Allgemeinen voll sympathisch sind.

Irgendwer zog mich am Ärmel, doch als ich mich umdrehte, sah ich zunächst niemanden. Mein Blick schweifte nach unten. Es war ein kleiner Junge, der mich versuchte anzuhalten und seine hohle Hand nach mir ausstreckte. Auch wenn in den Reiseführern immer steht, dass man das Betteln nicht unterstützen soll, bekam er trotzdem etwas Geld, denn meiner Meinung nach spricht sich das immer rum, wenn ein Tourist ab und zu mal etwas gibt, und somit nehmen einen arme Menschen als weniger herzlos wahr, was das Risiko eines Überfalls auch senkt. Das gilt natürlich auch für Fahrten mit dem Auto über Land, bei denen es immer ratsam ist, sich ein paar zusätzliche Wasserflaschen zum Verschenken mitzunehmen.

Nach einer halben Stunde bog ich rechts von einer Hauptstraße ab, um zur St. Georgs Kathedrale zu gelangen. Die kleine Straße ging bergauf, und schon von Weitem sah ich einen leblosen Körper links auf der Straße liegen. Ein verhungerter Obdachloser, für den jede Hilfe zu spät kam, wie ich dann feststellte. Er war nur noch Haut und Knochen. Und tot. So lag er dort neben dem Bürgersteig auf der Straße in der Rinne. Ein alter Mann mit weißen Haaren. Niemanden kümmerte es. Alle liefen an ihm vorbei.

Ich blieb einen kurzen Moment stehen und realisierte, dass er wohl schon länger dort liegen musste. Das war meine erste Begegnung mit dem Tod. Der Mann war verhungert.

Ich ging weiter zur Kathedrale, die ein Bild des heiligen St. Georg beherbergt, den die Äthiopier als Drachentöter verehren. Ob ich hier wohl mein Symptom endlich loswerden konnte? Irgendwie hatte ich mich an es gewöhnt, und es konnte mir kaum noch etwas anhaben. Dennoch nervte es langsam, und in mir entstand so allmählich der Wunsch, die Halluzinationen endlich wieder loszuwerden.

Als ich zurücklief, war der leblose Körper plötzlich verschwunden, und ich fragte mich, wo die verhungerten Obdachlosen wohl hingebracht werden, wenn sie sterben. Ich war bis zu diesem Zeitpunkt schon öfters mal auf einer Beerdigung gewesen, aber einen richtigen Toten hatte ich bis dahin noch nie gesehen. Sondern immer nur Särge. Mit gemischten Gefühlen ging ich wieder zurück. Essen konnte ich eine Weile danach nur noch selten. Der Anblick von verhungernden Menschen machte mir schwer zu schaffen.

An einem anderen Tag fuhren mein Dad und ich mit dem Land Rover weit durch das Land zu einem Nationalpark. Akazien, Hochebenen, große Berge, das Rift Valley: Die Tiefe und Stille der Landschaft und die Ruhe, die sie ausstrahlt, sollten mich fortan noch öfters in den Bann ziehen. Wohl jeder Afrika-Reisende kennt das Gefühl der Geborgenheit in diesem grandiosen Szenario. Das Zirpen der Grillen und das hohe, ungemähte Gras, das sich im Wind wiegt. Den rot-gelblich flimmernden Sonnenuntergang. Die Silhouetten der Bäume davor. Die Galaxien und der fulminant leuchtende Mond über der Steppe, der über Afrika viel größer ist als in Europa. Und die Menschen in dieser Landschaft, die einen wie wissende Wächter anblicken. Abends sah ich ihre Feuer am gegenüberliegenden Hang des Rift Valley unter dem Sternenhimmel. Da überkam mich zum ersten Mal in meinem Leben ein tiefer Friede. Und ich wusste wieder, dass Gott unser Universum erschaffen hatte und die Natur auch ein Teil von ihm ist, so ähnlich wie Hiob, nachdem Gott zu ihm sprach (Hiob 38, Vers 33; Luther 2002): „Weißt du des Himmels Ordnungen, oder bestimmst du seine Herrschaft über die Erde?"

Nach zwei Wochen flog ich wieder zurück nach Deutschland. Die Reise hatte mein Leben verändert. Selbstverständliche Dinge wie etwa Wasser, Elektrizität, Essen und vieles mehr hatten plötzlich einen Wert für mich. Doch der Anblick bettelnder Kinder, die mir die Hände entgegenstreckten, sollte mich noch verfolgen. Beim Essen machte sich fortan ein beklemmendes Gefühl bemerkbar, die Bilder kamen immer wieder hoch. So magerte ich sehr ab.

Zwei Jahre später sollte ich für drei Wochen nach Äthiopien zurückkehren. Ich stand kurz davor, mich für die finale Abschlussprüfung an der Uni anzumelden. Stolz berichtete ich meinen Eltern davon und von meinen sehr guten Noten. Jetzt hatte ich etwas vorzuweisen und konnte ihnen gelassen entgegentreten. Während meiner zweiten Reise bestätigten sich für mich im Grunde die bereits gewonnenen Eindrücke. Dieses Mal fuhren mein Dad und ich mal nach Bahir Dar.

Fährt man von der auf circa 2.600 Metern gelegenen Hauptstadt Addis Abeba über die noch höheren Entoto-Berge nach Nord-Westen, so erreicht man nach einer langen Tagesreise mit dem Auto diese Stadt an den Ufern des Tana-Sees, wo der blaue Nil entspringt; bei Bahir Dar schwappt der See über einen breiten Felsen mit brachialer Gewalt in die Tiefe und es entsteht der Fluss, den das Alte Testament als Gihon bezeichnet und der den Garten Eden einst bewässerte (1. Mose 2, Vers 13; Elberfelder Übersetzung): „Und der Name des zweiten Flusses ist Gihon; der fließt um das ganze Land Kusch." Dieses Naturspektakel ist kurz nach dem Ende der großen Regenzeit am eindrucksvollsten. Das war erneut so ein Naturerlebnis, wo ich den Frieden Gottes förmlich greifen konnte. Da begriff ich, dass Äthiopien ein biblisches und heiliges Land ist.

Als wir über den Tana-See mit einem Boot zu einer Kloster-Insel fuhren, wo christliche Mönche leben, überholten wir einen Einheimischen, der in seinem Einbaum mit Frau und Sohn auch auf die Insel zusteuerte. Der Mann wirkte vollkommen glücklich und lebte dort in völligem Einklang mit der Natur. Da sehnte ich mich zum ersten Mal seit meiner Kindheit wieder danach, mehr Zeit in der Natur zu verbringen, die Großstadt zu verlassen und vielleicht sogar für immer auszusteigen. Aber wie bloß sollte ein Bürgerssöhnchen grundlegende Überlebenstechniken im Dschungel oder in den Bergen lernen? Angenommen, ich baute mir eine Hütte in der Wildnis, wie sollte ich meine Musik-Instrumente bloß dorthin bekommen? Und wie baut man sich eigentlich eine Hütte?

Auf der Klosterinsel angekommen, ging ich einen schmalen Pfad am Ufer entlang, der dann nach rechts in das Dickicht abknickte. Nach zweihundert Metern sah ich im Dschungel am linken Wegesrand einen Mann sitzen. In der rechten Hand hatte er einen langen Stock, und er konnte kaum noch aufstehen, denn seine spitzen Knochen waren schon überall zu sehen, so dünn und unterernährt war er. Nur noch Fetzen bedeckten seinen Körper. Als ich ihn passieren wollte, streckte er plötzlich seine freie Hand nach mir aus, die mir sehr groß erschien. Ich hatte weder Wasser noch Lebensmittel dabei, sondern bloß eine Kamera und meine Kleidung am Leib. Und meine Geldbörse. Weil ich nichts mehr für ihn tun konnte, gab ich ihm ein paar Scheine, was einer hilflosen Geste gleichkam, denn was sollte der Ärmste mit den Scheinen auf dieser Insel mitten im Tana-See schon kaufen können? Vielleicht gaben ihm die Mönche etwas zum Trinken und Essen dafür, hoffte ich, und wurde sehr verlegen. War es etwa der gleiche Mann, den ich bei meiner ersten Reise auch schon mal in der Straße liegen sehen hatte? Diese Vorstellung kam mir dann doch vermessen vor. Aber vielleicht war es Gott, der mir in dem alten Mann erneut begegnete, oder der wollte, dass ich alles genau so erlebte.

Nach einer Weile erreichte ich das Insel-Kloster auf einer Lichtung. Die christlichen Artefakte, Kunstwerke sowie das Kloster als solches nahm ich kaum richtig war, so traurig machte mich die Begegnung mit dem alten Mann. Es war bitter, öfters Menschen zu erblicken, die so aussahen, als ob sie den nächsten Tag kaum noch überlebten, während ich nichts mehr für sie tun konnte, außer vielleicht meine Wasserflasche, mein Sandwich oder etwas Geld zu verschenken. Auf der Rückfahrt vom Hotel am Tana-See nach Addis Abeba legte ich mich quer auf die Rückbank und schloss meine Augen acht Stunden lang, weil ich den Anblick von dünnen, scheinbar dem Tod geweihten Menschen kaum noch ertragen konnte. Solche Bilder verfolgen jeden Touristen in Äthiopien besonders im ländlichen Raum, wo die Einwohner nur von den Erträgen ihrer kleinen Felder leben und deswegen oft vom Verhungern bedroht sind, wenn das Wetter die Ernte verschlechtert oder gar ausfallen lässt. In der Hauptstadt hält sich dieser Anblick in vielen Vierteln in Grenzen.

In Äthiopien gibt es sehr viele Christen, denn hier nahmen die Menschen den Glauben offiziell gleich nach dem Römischen Reich im vierten Jahrhundert n. Chr. an. Damals gab es die ersten äthiopischen Münzen mit dem christlichen Kreuz als Prägung. Doch in der Bibel finden sich Hinweise, dass es schon früher in Äthiopien Christen gab. Um 740 v. Chr. deutete bereits der Prophet Jesaja an (Jesaja 18, Vers 7; Elberfelder Übersetzung): „In jener Zeit wird dem HERRN der Herrscharen ein Geschenk dargebracht werden von einem Volk (…), das weit und breit gefürchtet ist." Diese Vorhersage bewahrheitete sich kurz nach der Himmelfahrt Jesu Christi, als der Apostel Philippus einen Kämmerer einer Königin von Äthiopien bei Jerusalem christlich taufte (Apostelgeschichte 8, Verse 26-39).

Die äthiopische Geschichte ist auch schon früher mit der Bibel verknüpft: Moses' Frau stammte aus Äthiopien, König Salomon hatte mal was mit der äthiopischen Königin von Sheba. Ich halte mich selbst kaum für einen großen, richtigen Propheten und bin nur ein gewöhnlicher Christ, aber es war wohl so die letzte Nacht vor meinem Rückflug nach Deutschland, als es mir schien, als ob ein Engel ungefähr so zu mir spräche: „Gideon, sie wird aus Äthiopien zu Dir kommen." Das war im November 2003, und damals begriff ich kaum, was damit gemeint sein könnte, hatte mich dieses Thema doch seit Längerem kaum noch interessiert.

Ich hätte nie damit gerechnet, das mich dieses Land, dass alle Welt nur mitleidig von oben herab als Armenhaus des Planeten betrachtet, so in den Bann ziehen würde, gerade weil es mir nur unter diesem Image vorher bekannt war. Als ich einst zum ersten Mal den Weg vom Bole Airport in die City erlebte und neugierig aus dem Autofenster blickte, fiel mir natürlich sofort auf, dass es viele arme, in alte Gewänder gehüllte Menschen gibt, die verzweifelt auf eine rote Ampel warten, um vielleicht aus den Autofenstern heraus ein paar Münzen zu erhalten. Der erste Mensch, den ich in Äthiopien wahrnahm, stand bettelarm auf einer Anhöhe links neben der Straße und schaute mich morgens in der Dämmerung mit einem etwas verschleierten Gesicht und in der Hand einen Stock haltend freundlich an, und wirkte dabei auf mich geradezu erhaben, würdevoll und weise: Es war eine alte Frau, und es schien mir, als ob sie mich beinahe erwartet hätte und deswegen schon ewig dort ausharrte. Vielleicht bildete ich mir das nur ein, aber ich fühlte mich dadurch irgendwie willkommen geheißen und hatte keine Angst vor Addis Abeba.

Nachdem ich dort auch einige Bekanntschaften geschlossen hatte, ging ich einmal abends mit einheimischen Kumpels aus. Das war endlich mal wieder ein schöner Abend seit Langem! Wir betranken uns irgendwo ein bisschen, und ich war wirklich der einzige Weiße, der da abends unterwegs war, aber niemand störte sich an mir. In Deutschland werden Afrikaner öfters mal blöde angeglotzt, aber bei unserem Umtrunk in einem äthiopischen Pub schauten mich alle nur positiv an. Dabei fiel mir erstmals auf, wie spannend die zeitgenössische, äthiopische Musik ist. Die Äthiopier sind wahre Pop-Reaggae-Glam-Worldmusic-Jazz-Funk-Virtuosen, und in meinen Augen abfällig wirkende Begriffe wie Ethno- oder Afro-Pop reichen kaum, um den Reichtum äthiopisch-zeitgenössischer Musik zu bezeichnen. Einfach total abgefahren, wie die da zum Beispiel Synthesizer spielen können und dies geschmackvoll mit traditionellen Instrumenten und Beats mixen. Das hatte ich zuvor in dieser Form noch nirgendwo erlebt, und – obwohl ich natürliche Pianos über alles liebe – ich bewundere die Äthiopier für diese ganz eigenwillige Musik, die sie bestens zu produzieren verstehen. Allein daran merkt man schon, was für Feingeister das dort sind. Und die Maler erst. Ich halte sehr große Stücke auf dieses Land. Wenn doch seine Fußball-Nationalmannschaft nur öfters mal im Africa Cup vorne mit dabei wäre. Sie hat meiner Meinung nach viel Potential. Das Fernsehprogramm dort ist toll. Selten kommt – über Fußball hinaus – im deutschen Fernsehen zu normalen Sendezeiten mal ein niveauvoller Film. Ich mag europäisches und deutsches Autorenkino, aber leider gehen diese dem Fernsehen öfters abhanden. In Äthiopien laufen oft gute Filme, und sie haben dort wirklich gute einheimische Serien.

Wohl eine der faszinierendsten Facetten an den Städten Äthiopiens ist, dass sich dort christliche, orientalische und westliche Kulturen harmonisch vermischt haben. Die Äthiopier sind total gastfreundlich, warmherzig, wirklich locker drauf und haben – je nach Volksgruppe – so allerlei Traditionen, die man natürlich achten sollte. Viele Reiseführer beinhalten eine Art Kurz-Knigge-Kapitel. Selbst wenn man mal etwas falsch macht, hat man höchstens die Lacher auf seiner Seite. Man hat dort einen Touri-Bonus, der ziemlich weit gefasst ist.

Mein persönlicher Eindruck ist, dass die Bewohner der Groß-städte einen westlich orientierten Lebensstil haben, während auf dem Land schon öfters mal irgendwie Vorsicht geboten ist. Religiöse Traditionen spielen auch in Großstädten eine große Rolle. Die Christen bilden eine knappe Mehrheit als offizielle Religion gegenüber Muslimen. In urbanen Gegenden gibt es keine Probleme zwischen beiden Weltreligionen. Sie arbeiten und leben dort zusammen. In ländlichen Gegenden existieren leider heute noch solche Unsitten, wie etwa kleine Mädchen genital zu verstümmeln durch Beschneidung. Und: Die Landbewohner können zum Beispiel bei Autounfällen ungemütlich werden, ohne die Polizei als Schlichter zu rufen.

Irgendwie hatte mich während meiner zweiten Reise der Ausflug zum Tana-See stark mitgenommen. Als ich zu Beginn des Rück-flugs im Flugzeug saß, dieses abhob und ich die Lichter der riesigen Metropole Addis Abeba unter mir verschwinden sah, beschloss ich, dieses Land erstmal ruhen zu lassen. Nachdem ich in Frankfurt am Main aus dem Flugzeug stieg, mit der S-Bahn zum Hauptbahnhof fuhr – es war noch sehr früh am Morgen –, dort auf den Zug nach Marburg wartete und sah, wie Bahn um Bahn im Minutentakt ankam, um ganze Heere von Pendlern auf die Bahnsteige zu werfen, wurde mir plötzlich unheimlich, weil ich, aus Äthiopien kommend, feststellte, dass die Menschen am Bahnhof wie Soldaten zur Arbeit marschierten, als ob sie ferngesteuert wären. Hoffentlich gerate ich nicht unter ihre Füße, dachte ich, während ich mich seitlich am Ende eines Bahnsteiges an den Rand drückte. Das war schon so eine leise Vorahnung auf das, was eigentlich noch kommen sollte.

Als ich wieder zu Hause in meinem gemieteten kleinen Zimmer ankam, realisierte ich, dass sich mein Studium extrem in die Länge gezogen hatte, was an meiner Krankheit und an ständigen Umzügen lag, worüber ich mich sehr ärgerte. Es ging unaufhaltsam auf die Abschlussprüfung zu. Fünfmal musste ich während des Studiums insgesamt die Wohnung wechseln. Verliert man als Studierender erstmal die Kontrolle über seine Wohnsituation, hat man keine Ruhe mehr. Erst eine WG mit Kumpels, die dann nach Berlin zogen. Dann eine 1ZKB: Der Nachbar verdächtigte mich, bei ihm eingebrochen zu haben. Dann also eine WG mit südosteuropäischen Mitbewohnern, wo der Vermieter nach einem Jahr eine Pension reinbauen wollte. Dann ein merkwürdiges bürgerliches Haus mit ganz vielen anderen Studenten. Für die Abschlussprüfung eine 2ZKB ohne Mitbewohner, damit diese auch ganz sicher gelänge. Es war stets ein veritables Wohnsituationschaos, das mich aufgehalten hatte, zusammen mit der Krankheit. Nie hatte ich die Wahl, wo ich wohnen konnte, sondern ich unterschrieb die Mietverträge notgedrungen, weil es einfach keine Auswahl an Wohnungen gab. In den letzten beiden Wohnungen hatten mir die Vermieter immer versucht, den Vertrag zu kündigen, und mich angestresst. Ich hielt das damals für einen Ismus der Spezies, der mich vom Abschluss abhalten sollte. Aber eigentlich hielt mich das Symptom noch mehr auf. Wenn man, ob am Schreibtisch oder in der Universität, immer nur an jedem Seitenende eine Halluzination hört, die einem neben Beschimpfungen auch befiehlt, schneller zu machen, so muss man umso mehr jedes Mal auf ein Neues zeitaufwendig abwägen, ob man den nächsten Abschnitt überhaupt braucht oder besser überspringt. Beim Studieren war das eine erhebliche Behinderung, weil dadurch autonome Entscheidungen meines Geistes erschwert wurden. Um geistig weiterhin autark zu handeln, brauchte ich einfach mehr Zeit als die anderen. Ich hatte mich trotzdem im Griff und handelte beim Studieren stets bewusst und absichtsvoll. Jedenfalls machte all dies einen ohnehin anspruchsvollen Studienplan nur noch komplizierter und noch zeitaufwendiger, weil man einfach länger braucht, um kohärente, schlüssige Arbeiten und Referate anzufertigen.

Den Tag, an dem ich meine letzte von sechs Teilprüfungen schaffte und der nette Professor mir mitteilte, dass ich insgesamt auf jeden Fall ungefähr mit sehr guten Noten bestanden hätte, werde ich nie vergessen. Müde und überglücklich kam ich zurück in mein Apartment. Mich in den Sessel fallen lassend, hielt ich mich für einen gemachten Mann.

Die Absolventenfeier geschah in der altehrwürdigen Theologischen Fakultät der Philipps-Universität. Mein Vater ließ sich eigens dazu aus Addis Abeba einfliegen und kaufte noch schnell eine kleine Kamera im Marburger Media-Markt, um mich dann zur Feier abzuholen. Vorher ging es noch in ein italienisches Restaurant zum Mittagessen. Wenig später fand ich mich mitten in der Abschlusszeremonie wieder. Endlich war mein Studiengang an der Reihe, ich ging mit den anderen nach vorne, stellte mich links auf die kleine Bühne, irgendwann war ich dran, lief drei Schritte nach vorne, bekam Zeugnis und Urkunde überreicht sowie eine Rose – das Zeugnis fiel mir vor allen Leuten kurz auf den Boden, so aufgeregt war ich –, dann gingen alle Absolventen und Angehörigen in den Flur, wo man etwas trinken konnte, der Professor ging noch mal auf mich zu, wir wechselten ein paar Worte, ich ging schweißgebadet wieder raus, gelangte mit meinem Dad zu seinem Leihwagen – zum ersten Mal in meinem Leben war es mir nicht peinlich, mit einem Zeugnis und einer Rose durch die Stadt zu laufen –, er ließ mich vor meiner Mietswohnung wieder raus und das war's: ein medienwissenschaftliches Schwerpunktstudium im Zeitalter der Informationsgesellschaft also. Ich versprach mir davon jede Menge Karriere-Spaß und lukrative Einkünfte.

Mir wurde damals mit 29 Jahren schon klar: Dies war eines der großen Wunder, die Gott in meinem Leben bis dahin vollbrachte hatte. Und zum ersten Mal seit Langem dankte ich ihm wieder für etwas in meinem Leben. Zum ersten Mal in meinem Leben hatte ich jahrelang für etwas kämpfen müssen, wohingegen mir vorher das Abitur ganz leicht zufiel, weil ich zu diesem Zeitpunkt noch gesund gewesen war. Das bedeutete endlich mal etwas Handfestes, endlich die Chance, wieder durch den Uni-Abschluss Boden unter den Füßen zu bekommen und das ungefähre berufliche Ziel im redaktionellen Bereich zu erreichen. Der Abschluss und meine meistens selbst organisierten Reisen bewiesen mir, dass mein Verstand von der Erkrankung offensichtlich verschont geblieben war. Und dies sollte ich mir und anderen im Verlauf meines Lebens noch öfters mit sehr guten Noten beweisen müssen. Doch es sollte alles ganz anders kommen, so als ob das Schicksal und der verkorkste Arbeitsmarkt meinen Erfolg kaum anerkennen würden.

Das Lachen

Als Belohnung für meinen sehr guten Abschluss fuhr ich erstmal wieder eine Snowboard-Session im Arlberg in Österreich mit mir selbst. Zudem kaufte ich mir anschließend ein kleines, gebrauchtes Auto, das mir bei meinen redaktionellen Praktika helfen sollte. Ich bewarb mich immer überwiegend bei Zeitungen, weil ich dachte, was es schon so lange gibt, wird ewig fortbestehen.

Alles begann im Jahr 2005 und stellte sich dann später als mein großes Glück heraus, doch dazu später mehr. Ich ging zur Führerscheinstelle wegen irgendeiner Formalität: Mein richtiger Vorname schreibt sich ohne Bindestrich, im Führerschein steht aber ein Bindestrich, und dies erbat ich zu korrigieren, bevor ich beruflich in die große weite Welt hinausfuhr.

Ich zog eine Wartemarke, und als mich jemand aufrief, zum betreffenden Zimmer zu gehen, fielen mir vor der Tür die Dokumente auf den Boden und ich wusste auch nicht, ob es das richtige Zimmer wäre. In diesem Moment öffnete sich die Tür und zwei Mitarbeiter der Führerscheinstelle schauten mich extrem skeptisch und misstrauisch an. „VPU, verkehrspsychologische Untersuchung", meinte eine der beiden dann nur noch.

In diesem Moment wurde mir zudem klar, dass ich wahrscheinlich mit meinem Symptom aufliegen würde oder soeben aufgeflogen war. Somit schalteten sie das Gesundheitsamt für einen Verkehrs-Test ein, den ich dann zwar natürlich bestand, aber die vom Gesundheitsamt meinten, ich müsse mich sofort in langfristige psychiatrische Behandlung geben. So durfte ich zwar weiterfahren, aber das Gesundheitsamt hatte mich fortan auf dem Kieker.

Als mich dieses mal wieder einberief, hatte ich ein Gespräch mit einer Ärztin. „Warum lachen Sie, Herr Winter?", sagte sie zu mir, nachdem ich den Raum betreten und mich hingesetzt hatte. Ich entgegnete sinngemäß, das Lächeln sei wichtig, um freundlich zu wirken oder so ähnlich. Daraufhin sagte sie, ich hätte ein mimisches Zucken, das abnormal sei, deswegen habe sie den Verdacht, dass ich wohl eine schwere Psychose haben müsse. Sie hatte Recht, denn die leichten Zuckungen waren nun mal manchmal da und ich war nun mal schwer krank, auch wenn ich mir das Lachen nicht verbieten lassen wollte.

Noch heute habe ich den Eindruck, dass mich alle Menschen mit allen Mitteln davon abhalten wollen, zu lächeln und höflich zu wirken. Was bedeutet Lachen in Deutschland und Europa? Was bedeutet es auf anderen Kontinenten? Und was bedeutet es im Allgemeinen? In Afrika lachen die Menschen im täglichen Miteinander, auch wenn sie arm sein sollten, auf der Straße leben oder ihnen sonstige Merkmale sozialen Erfolgs und Prestiges abhandengekommen sein sollten. Das ist dort wahrscheinlich ein Ausdruck guten Benehmens, das einfach zum Knigge dazugehört. Wer beim Hallo-Sagen nicht lächelt, wird dort wahrscheinlich als böser Mensch eingestuft. Deswegen pflege ich zu lächeln, wenn ich mit anderen Menschen rede, auch wenn ich jemanden zum ersten Mal sehe, zumindest im ersten Moment des Aufeinandertreffens.

Ich war schon x-mal in Afrika, und selbst die ärmsten Kinder, die nur noch Fetzen auf dem Leib tragen, winken und lächeln einem zu, wenn man an ihnen vorbeifährt oder -läuft. Das ist einfach so ein kultureller Code, der bedeutet: Ich bin Ihnen freundlich gesonnen und habe keine bösen Absichten. Wahrscheinlich liegt hier einfach ein Deutungsproblem vor, doch wer hat die Deutungshoheit darüber, wer wann wo lachen darf und wer nicht? Es kann schon sein, dass ich ein besonders seliger Mensch bin, der auch immer ein leichtes Lächeln auf den Lippen hat, selbst wenn gerade niemand in der Nähe ist. Wohl hat Lachen in Deutschland bei vielen Menschen eine andere Bedeutung. Es wird vielleicht als soziale Überlegenheitsgeste gewertet, die nur besonders wohlhabenden Mitbürgern zugestanden wird, woran diese natürlich keine Schuld haben. Also mir sind auch reiche Menschen, die lachen, überhaupt kein Dorn im Auge.

Vielleicht darf in Deutschland auch nur lachen, wer über ausreichend soziales Prestige verfügt – und wer eben keinen materiellen oder sozialen Erfolg hat, wird am Lachen gehindert. Oder wer weniger als 100 Freunde in der näheren Umgebung hat, dem wird das Lachen als Popularität vortäuschende Lüge ausgelegt? Dass man mir jedoch quasi behördlich das Lachen indirekt verbat – so empfand ich es damals –, hatte ich in der Form noch nirgendwo erlebt. So sollte mir das Lachen dann auch wirklich vergehen, denn ich versuchte, meine Erkrankung einfach abzustreiten, aus Angst vor negativen Konsequenzen für meine Freiheit. Gleichzeitig verschärfte sich das Symptom immer mehr.

So drängte mich das Gesundheitsamt dann bundesweit auf eine Langzeit-Behandlung, und egal wo ich später als Redaktions-

Praktikant jobben sollte, in Norddeutschland oder in Bayern, immer war mir das Amt postalisch auf den Fersen, und ich wollte es zunächst einfach nicht einsehen und blieb einfach hartnäckig, indem ich behauptete, gesund zu sein.

Die Motivation für die bundesweiten Praktika war natürlich, Redakteur zu werden, wie ich es schon als Jugendlicher vorhatte, und verschiedene Regionen Deutschlands kennenzulernen. Man hätte aber auch fälschlicherweise den Eindruck bekommen können, ich wäre vor der Behörde geflohen. Somit kam dies alles aus meiner Sicht zum denkbar ungünstigsten Zeitpunkt. Meine Vorurteile gegenüber einer Behandlung führten also zunächst zu einer mangelnden Kooperationsbereitschaft. Von heute aus zurückblickend hatte sich das alles mit der Behörde für mich dann doch zum Guten gefügt und ich sah es dann später dankend ein, obwohl ich es damals zunächst als Ärgernis und Verfolgung empfand. Doch dazu später mehr. Es sollte ein Jahr dauern, bis ich nach der universitären Abschlusszeremonie mein erstes Nachpraktikum beginnen durfte. Denn ich hatte ein Jahr lang Bewerbungen geschrieben, war zunächst zu wählerisch und bekam dann die fixe Idee, ausschließlich Lokal-Zeitungsredakteur werden zu wollen.

Nach einem halben Jahr erfolgloser Praktikumssuche nach der universitären Abschlussfeier ging ich zur Buchhandlung in der Marburger Oberstadt, wo ich schon das ein oder andere Buch zu wissenschaftlichen Themen gekauft hatte, um mir eine Bibel auszusuchen. Das kam mir vor wie ein historischer Einschnitt. Wie viele Menschen hatten sich mit ihren ganz eigenen Sichtweisen und Lebenshintergründen dem Herrn schon gebeugt: Saulus, der Christenverfolger, wurde zum Paulus, Könige, ja Kaiser hatten Jesus angenommen, in Afrika hatten viele Menschen das Christentum auch begrüßt, überall auf der Welt war dies schon passiert. Es schien mir, als ob ich, der es geschafft hatte, sich ganz alleine mit einer schweren Krankheit vorläufig durchzusetzen, wieder zu Jesus stehen konnte und damit sich selbst auch eigene Schwäche eingestand. Wieder im Apartment angekommen, setzte ich mich irgendwo hin, öffnete die Heilige

Schrift und begann, darin zu lesen. Wie jemand, der ahnte, dass ihm sein schwerster Lebenskampf noch bevorstehen wird und der eigentliche Tiefpunkt erst noch kommen sollte.

Als Kind hatte ich die Bibel bis zum Alter von 13 Jahren bestimmt zweimal von vorne bis hinten durchgelesen, so spannend empfand ich die Heilige Schrift. In diesem Moment, als ich Ende zwanzig war und auf meine Praktikantenstelle wartete, dachte ich, dass ich zum ersten Mal seit Langem wieder Wahrheit in Worten gefunden hatte.

Wenn man studiert, dabei bestimmt zig tausende Seiten zu konsumieren hat und selbst hunderte Seiten zu wissenschaftlichen Themen verfasst, dann kommen einem irgendwann Zweifel an den Worten anderer und vor allem an den eigenen Worten. Wie überflüssig sind die Worte, dachte ich am Ende des Studiums, auch wenn mir die stets niveauvollen Inhalte später leider nie wieder begegnen sollten.

Das Buch der Bücher strahlte Wahrheit aus. Und als ich es das erste Mal seit weit über eineinhalb Jahrzehnten aufschlug, rochen die Seiten, als ob ich einen alten Verband an mir selbst abgelegt hätte, als ob diese Schrift die Macht hätte, mich endlich richtig zu verarzten. Es roch nach beginnender, aber langwieriger Heilung.

Ewiger Praktikant

Es machte mir riesigen Spaß, bei Lokal-Zeitungsredaktionen mitzuarbeiten, besonders in Norddeutschland bei Lübeck. Es war mein zweites Praktikum und der Gedanke, es bei einer überregionalen Zeitung zu absolvieren, ließ meine Hoffnungen auf eine große Medien-Karriere wieder aufflackern. Die in der Redaktion, die hatten auch überhaupt keine Ahnung, dass ich eine halluzinative Stimme im Kopf hatte, die nur ich hörte. Oder merkten sie es mir etwa doch an? Manchmal dachte ich auch, jetzt ist es vorbei, gleich ruft mich das Amt in der Redaktion an und weist mich in das Kuckucksnest ein. Die Gefahr schwebte immer über mir, so empfand ich es damals und kam mir vor, wie in einem kafkaesken Albtraum.

Das vorige Praktikum in Bayern, bei Würzburg, war schwierig, weil ich zuerst kein Zimmer gefunden hatte. Aber ich musste es antreten, weil ich nach dem Uni-Abschluss ein Jahr gesucht hatte und die Lücke im Lebenslauf immer größer wurde. Im letzten Moment fand ich eine Unterkunft, auf einem Dachboden, allerdings ohne Dusche, aber das Praktikum ging vertraglich genau sechs Wochen. Also nahm ich dieses Zimmer, um nicht auf der Straße zu schlafen oder im Auto, denn es war Winter. Geduscht hatte ich immer abends nach der Arbeit im Schwimmbad. Einmal enterte eine Horde Betrunkener den Duschraum, als ich gerade wieder raus wollte. Die hätten mich fast zusammengeschlagen. Ich schloss mich in der Toilette ein und wartete, bis sie es aufgaben.

Wenig später landete ich dann bei Lübeck in einer anderen Redaktion. Das ist es, das kann ich, dachte ich nur nach drei Wochen, doch leider hatte mich die Krankheit zurückgeworfen. Als Praktikant war ich inzwischen zu schüchtern geworden, für den Beruf entscheidende Soft-Skills waren mir krankheitsbedingt abhandengekommen, auch wenn ich an der Uni medienpraktisch und -theoretisch einiges gelernt hatte. Dies war vielleicht der Grund, warum ich auch in der Redaktion in Norddeutschland nach den vertraglich vereinbarten sechs Wochen nicht übernommen wurde. Oder war es einfach nur erneutes Pech? Jedenfalls war es enttäuschend, denn ich wähnte mich schon am Ziel.

Nach dem letzten Tag in der Redaktion, einem Samstag, wachte ich in meinem gemieteten Zimmer in einem Keller in Lübeck wie immer auf. Ich setzte mich an den Schreibtisch, um Job-Bewerbungen zu schreiben. Plötzlich begann es, in Strömen zu regnen, und wenig später stand der Keller bereits unter Wasser. Somit hatte ich auch keine Unterkunft mehr. Da rief ich meine Eltern an, die zum Glück gerade von ihrem langen Arbeitsaufenthalt aus Afrika zurückgekehrt waren, und fragte sie, ob ich vorübergehend bei ihnen wieder einziehen dürfte, um mich weiter bundesweit um ein Redaktions-Volontariat zu bewerben. Sie wohnten jetzt bei Kassel und hatten nichts dagegen. Und so stand ich abends vor der Tür, inzwischen gerade 31 Jahre alt geworden, und zog wieder ein. Auch wenn es mich damals ärgerte, zurückblickend hatte sich das mit dem Regen und der Überschwemmung im Keller für mich gefügt, denn so fand ich den Weg in die Region, in der ich noch heute lebe.

Vielleicht war es Gottes Wille, denn was wäre geschehen, wenn ich mich irgendwo redaktionell etabliert hätte, um dann mitten im Moment des Erfolgs in eine Klinik zitiert zu werden? Dann hätte ich mich wohl kaum oder noch weniger damit abfinden können und hätte meinen lang ersehnten Job wahrscheinlich verloren.

Es war im Juli des Jahres 2006 und aus dem eigentlich vorübergehend beabsichtigten Wohnen im neuen Mietshaus meiner Eltern sollten vier Jahre werden. Vier Jahre, in denen ich jeden Morgen diszipliniert um sieben Uhr aufstand, den Jobmarkt neu sondierte und monatlich mindestens zwei passende Bewerbungen verschickte. Aber ich bekam einfach kein Volontariat im Lokaljournalismus und keine Redakteursstelle. Manchmal hatte ich ein Job-Interview und hörte vom Personaler wirklich schon Sätze wie „... Herr Winter und das wird dann ihr Schreibtisch hier sein ...", aber dann verlief sich die Bewerbung immer im Sand. Warum? Darüber zerbreche ich mir noch heute den Kopf. Vielleicht war ich den Menschen nicht gewöhnlich genug. Oder sie merkten, dass mit mir was nicht stimmte. Jedenfalls kam ich karrieremäßig trotz aller Qualifikationen und trotz meines starken Willens kaum noch vorwärts. Einmal hatte ich wieder mal ein Vorstellungsgespräch. Der Chefredakteur rief den Sport-Redakteur zu dem Gespräch hinzu. Nachdem ich mich kurz vorstellte, fragte mich ersterer, ob ich in psychiatrischer Behandlung sei oder ob ich dies notwendigerweise vorhätte. In diesem Moment hätte ich mir auf jeden Fall Gedanken machen müssen, dass mir die Menschen meine Krankheit inzwischen auf den ersten Blick anmerkten, weil ich mich kaum noch traute, laut genug zu sprechen. Ich trat verunsichert auf und war viel zu zurückhaltend für den Beruf, sodass man eine psychische Erkrankung sofort hätte vermuten können. Trotzdem floh ich weiter vor einer Behandlung, weil ich dachte, mit einer offiziellen Diagnose würde ich niemals Redakteur werden können.

Aus Verlegenheit besuchte ich dann immer mal eine Fortbildung, meistens im Bereich der englischen Sprache, und spielte ernsthaft mit dem Gedanken auszuwandern, zum Beispiel in die USA, wo man mit psychisch kranken Mitmenschen viel liberaler umgeht. Eine Bekannte hatte mal erzählt, dass US-Bürger, falls sie psychisch erkranken sollten, nie dazu gezwungen werden können, Psychopharmaka zu schlucken, sondern dies auf freiwilliger Basis geschehe. Anders ist es in Deutschland, wie ich später am eigenen Leib erfahren sollte. Doch irgendwann erlangte ich dann, während ich einen Englisch-C1-Kurs besuchte, die Gewissheit, dass man erstmal jahrelang dort wohnen muss, um ein Sprachniveau zu erreichen, das fit genug ist für einen Medien-Beruf. Dies kann man wahrscheinlich in keinem Kurs lernen.

Nach einem arbeitslosen Jahr, es war so im Sommer 2007 und ich schämte mich bereits zu Tode, weil ich immer noch keinen Job gefunden hatte, sprang eine Lokal-Zeitung in Niederbayern auf meine Bewerbung um ein Volontariat endlich an. Dieses Mal gab es eine eindeutige Regelung, nämlich, dass die Option vereinbart wurde, nach sechswöchigem Probepraktikum eventuell mit anderen Kandidaten in die Auswahlrunde um ein Volontariat zu gelangen. Voller Hoffnung fuhr ich also erneut nach Bayern, organisierte mir ein Zimmer, dieses Mal war es recht komfortabel, und begann, in der Redaktion mitzuarbeiten. Nach ein paar Tagen gab es dann ein ernüchterndes Gespräch mit dem Redaktionsleiter. „Herr Winter, Sie passen in unsere Lokalredaktion in Bayern nicht so richtig rein", sagte er sinngemäß. Also ging es wieder zurück nach Hause. Es war immer mein Plan gewesen, mir nach dem Studium eine Lokalredaktion unter den Nagel zu reißen. Gar nicht so einfach, wie ich feststellte. Innerlich gab ich ihm dann irgendwann Recht, dem Redaktionsleiter, grübelte aber zunächst noch oft darüber. Ich bin ganz anders als der typische Leser einer Lokalzeitung und brauche wahrscheinlich auch andere Themen zum Produzieren.

Hätte ich mir früher darum Gedanken gemacht, was für Themen ich bearbeiten könnte, wäre ich wahrscheinlich weniger jahrelang vor die Wand gefahren. Es sollten allerdings noch weitere Praktika folgen. Als ich von Bayern aus wieder zurück nach Hause fuhr, kam ich mir vor wie der allerletzte Verlierer. Irgendwie gelang es mir deswegen kaum noch, meinen Eltern oder sonst wem in die Augen zu schauen. Damit hatte ich bis zu diesem Zeitpunkt nie Probleme.

Von heute aus zurückblickend bin ich froh, dass ich wenigstens zwei reguläre Redaktions-Praktika bei renommierten Zeitungen vertragsmäßig überstanden hatte, alle dabei sehr nett zu mir waren und man mir zumindest die Chance dazu gegeben hatte, mal reinzuschauen. Beide regulär überstandenen Praktika hatten mir voll Spaß gemacht.

Nachdem mir der Redaktionsleiter in Niederbayern die Augen geöffnet hatte, bewarb ich mich ebenso um Lektoratspraktika in Buchverlagen oder um PR-Stellen. Aber auch dies geschah vergebens. Und dann passierte der Super-Gau meines Lebens.

Die Hölle

Je länger ich arbeitslos war, mich dabei fortbildete oder als Redaktions-Praktikant arbeitete, umso lauter wurden die auditiven Halluzinationen und ich hörte selbige wirklich nonstop ohne Pause. Nachts plagten mich chronische Albträume. Im Jahr 2008 realisierte ich, dass die Krankheit mein Leben zu einem Horror-Trip gemacht hatte. Noch immer suchte ich nach einer redaktionellen Anstellung, schrieb Bewerbungen. Inzwischen meldete sich auch das Gesundheitsamt wieder, lud mich vor, besuchte mich bei meinen Eltern. Aber ich weigerte mich strikt, mich medikamentös oder sonst wie behandeln zu lassen.

Ich will mich keineswegs als Psychiatrie-Opfer darstellen. Aber ganz am Anfang meiner zunächst forcierten Behandlung lief besonders im Krankenhaus einiges schief, wodurch sich meine schlimmsten Vorurteile im Grunde bestätigten, auch wenn ich heute für meine Behandlung im Allgemeinen dankbar bin und es einsehe.

Eines Morgens im Februar 2009, ich stand mal wieder früh auf, um Bewerbungen zu schreiben, kam eine Delegation aus Polizisten, Sanitätern und Gesundheitsamt-Mitarbeitern und brachte mich dann gegen meinen Willen mit Krankenwagen und Polizeieskorte in das nächstgelegene psychiatrische Krankenhaus, weil jahrelange behördliche Versuche, mich dazu zu überreden, erfolglos geblieben waren. Da war was los vor der Haustür meiner Eltern! Ich setzte mich nicht zur Wehr dagegen, sondern war sanft wie ein Lamm, das man zur Schlachtbank führte. Das war's dann wohl, dachte ich nur noch. Ich genoss es, die Treppe vor der Haustür hinab zum Krankenwagen zu gehen, weil ich dachte, es seien die letzten Atemzüge in Freiheit. Andererseits fragte ich mich, was jetzt die Nachbarn wohl gerade denken und wie sich meine quasi „Verhaftung" im Dorf rumsprechen würde.

Mein Leben war so bis zum 21. Lebensjahr wunderschön und zwischen dem 23. und 34. Lebensjahr die Hölle. Doch was ich da drin im Krankenhaus erleben musste, war schlimmer als die Hölle und der absolute Tiefpunkt in meinem Leben. Eines hatte sich zwar gefügt an der Sache – nämlich, dass ich da drin so eine Art von „Krankheitseinsicht" bekam, Medizin begann einzunehmen und der Aufenthalt auch die Basis für meine spätere berufliche Rehabilitation darstellte –, doch es hätten auch drei oder vier Tage gereicht, um mich weichzuklopfen.

Während des sechswöchigen Aufenthaltes in der Klinik war ich bis auf die letzten zwei Tage immer im gleichen Doppelbett-Zimmer untergebracht, wobei ich fünf wechselnde Zimmernachbarn hatte. Mein Verhalten gegenüber anderen Mitmenschen war noch nie durch die Krankheit erheblich beeinflusst, außer durch große Zurückhaltung, die niemandem etwas angetan hatte. Manche dieser Personen hatten jedoch aus meiner Sicht Zwangshandlungen, die mich einschüchterten.

Meine Anfangsdosis am ersten Tag bestand aus 12mg Paliperodon, einem Medikament, das nur kurz auf dem Markt war und dann wenig später verboten wurde. Als einst erfolgreicher Nebenfach-Psychologie-Student wusste ich allerdings, dass zu Beginn einer Medikation die Dosis erst gering sein sollte, um sie dann langsam zu steigern. Die sofortige Maximaldosis von 12mg hatte mich so umgehauen, sodass ich nur acht Stunden am Tag bei Bewusstsein war. Ich war völlig willenlos. Einer der Patienten hatte mich mehrfach grundlos getreten, und ich war so benommen, ja geradezu extrem apathisch von der Medikation, dass ich keine Reaktion mehr zeigte, und man hätte theoretisch alles mit mir machen können, ohne dass ich es gemerkt hätte.

Die ganze Zeit war ich direkt neben der Gummizelle untergebracht. Wahrscheinlich hatte man gehofft, ich würde auf die Tritte reagieren, mich auf eine Schlägerei mit dem Patienten einlassen, um mich dann in die Gummizelle zu stecken. Nachts hörte ich, wie jemand gleich hinter mir an der Wand mit der Faust gegen selbige schlug. Einmal rief eine junge Frau auf der unteren Etage die halbe Nacht ganz laut: „Hilfe, Hilfe." An ihrer Stimme konnte man hören, dass sie bei klarem Verstand war. Es roch nach seelischem Verfall, nach Verzweiflung, nach Tränen. Wie in einem mittelalterlichen Kerker vegetierten alle Patienten dort drinnen vor sich hin, schien es mir damals subjektiv.

Einem netten Hippie, mit dem ich manchmal Schach spielte, lieh ich einmal mein National Geographic Magazin aus. „Lasst mich endlich hier raus", brüllte er eines Tages am stets verriegelten Haupteingang der Station. Das alles zerbrach mir das Herz. Die Atmosphäre war oft aggressionsgeladen, von morgens bis abends, auch die Art und Weise, wie manche Pfleger (nicht alle) mit mir umsprangen. Wie die teilweise mit mir sprachen und umgingen, mit mir, dem ehrwürdigen Magister Artium, genialen Musiker und fairen Sportsmann. Als ob ich ein schwerhöriges, gemeingefährliches, unberechenbares Raubtier gewesen wäre, das es galt einzufangen, zu betäuben, zu beugen und gefügig zu machen, indem man seinen Willen bricht: einfach ungebührlich und respektlos.

Nach fünf Tagen wollte ich sterben. Ich bin ein lebenslustiger Mensch, der auch selbst erlebtes Unglück je nach Schwere mit Humor nimmt – wie zum Beispiel mein Symptom – oder zumindest akzeptiert. Aber das war einfach zu viel. Ich ging in das Badezimmer, schloss mich ein, nahm meinen Gürtel und versuchte, mich zu erhängen. Plötzlich zog mein Leben wie im Turbo-Zeitraffer an mir vorüber und ich durchlebte als großes Finale meine Beerdigung. Ich sah, wie sich mein Sarg in das Erdreich versenkte. Ich sah vor meinem geistigen Auge, wie plötzlich meine Familie und meine kleinen Neffen herankamen und ganz furchtbar an zu weinen begannen: „Gideon, Gideon". Ich weiß nicht genau, was dann in Wirklichkeit passierte, nachdem ich so im Geist meine eigene Beerdigung durchlebte. Ich glaube, entweder krachte die Gürtelschnalle, oder sie rutschte weg oder irgend so etwas. Da versuchte ich, den Gürtel wieder irgendwo festzuzurren und Druck auf meinen Hals zu erzeugen, obwohl meine Beine schon auf dem Boden schliffen und zappelten, aber noch nicht einmal das wollte noch klappen. Schließlich fiel ich erschöpft auf den Fußboden und gab es auf. Dann musste ich plötzlich heulen, zum ersten Mal seit meiner Kindheit, weil ich mein Leben und die Freiheit liebte, aber scheinbar systematisch nach unten gezogen und beruflich verhindert wurde. Dies war bisher das erste und einzige Mal in meinem Leben, dass ich Selbstmordgedanken hatte. Und dies geschah ausschließlich, weil man mich eingesperrt hatte und über den Tag meiner Entlassung zunächst im Ungewissen ließ. Zum Glück bemerkten die Pfleger nichts von meinem Selbstmordversuch, denn sonst hätten sie mich wohl tage- oder wochenlang mit Riemen am Bett fixieren müssen, wie es die gesetzliche Lage vorsieht. Wann immer ich folgenden Psalm lese (Psalm 71, Verse 9-12; Luther 2002), muss ich daran zurückdenken:

„Verwirf mich nicht in meinem Alter;
verlaß mich nicht, wenn ich schwach werde.

Denn meine Feinde reden über mich,
und die auf mich lauern, beraten
sich miteinander
und sprechen: ‚Gott hat ihn verlassen;
jagt ihm nach und ergreift ihn, denn da ist
kein Erretter.`
Gott sei nicht ferne von mir;
mein Gott, eile, mir zu helfen!"

Das „Vater unser" bedeutet auch, dass man denen vergeben soll, die einem etwas schulden. Im Zusammenhang mit dem Krankenhaus-Aufenthalt ist mir das letztendlich doch noch gelungen, wenn auch nur schwerlich, denn ich wäre da drinnen fast gestorben.

Jemand hatte mir dann ein Buch von Barack Obama ins Krankenhaus gebracht. Das half mir dann schon ein wenig, und ich dachte, genau wie früher beim Skateboard- oder Snowboardfahren, dass ich auch in Sachen Karriere auf keinen Fall aufgeben darf. In den USA beschwören alle ja immer diesen Mythos, das jeder alles schaffen kann, wenn er nur will. Das machte mir dann wieder Hoffnung, dass ich vielleicht wieder rauskäme und doch noch Redakteur werden könnte, trotz meiner Erkrankung, um weiter zu leben, mich meiner Klavierkunst wieder hinzugeben etc. Bevor ich in das Krankenhaus musste, hatte ich mich zu einer Sprach-Prüfung der Cambridge University angemeldet (C1-Englisch), die man braucht, um im englischsprachigen Ausland studieren und arbeiten zu dürfen. Während meines Krankenhaus-Aufenthaltes fragte ich also eine Ärztin, und sie ließ mich freundlicherweise einen Tag für die Prüfung rausgehen, die in Frankfurt am Main war.

Ich war so mit dem Medikament zugedröhnt, dass ich die Prüfung gerade so bestanden hatte, was sonst nicht meine Art ist, denn mein Anspruch ist es, sehr gute Noten zu haben. Wenigstens habe ich jetzt das Zertifikat, wer weiß, wozu ich es noch gebrauchen kann.

Abends kehrte ich in das Krankenhaus zurück. Am Vortag hatte man mir bedeutungsschwer gesagt, dass man mich mit der Polizei suchen lassen würde, wenn ich nicht wiederkehrte.

Ich war nie ein Mensch, der den Staat hasste. Nie war ich politisch konspirativ aktiv, was auch meine früheren Song-Texte bewiesen. Trotzdem gab man mir im Krankenhaus das Gefühl, ein richtiger Verbrecher zu sein, und genau dies war das Demütigendste, ja Kränkendste, was mir je widerfuhr. Diese Sache wird mir noch bis zum Rest meines Lebens nachhängen.

Schon einige Wochen weilte ich dort drinnen und man erlaubte mir dann, täglich zu einem anderen Gebäude auf dem Gelände zu gehen, um Piano zu spielen. Das hielt mich auch ein bisschen am Leben, denn nach der Englisch-Prüfung konnte ich keineswegs noch dafür lernen, was vorher meinen Tagesablauf im Krankenhaus ausmachte, denn die Bastel- und Malstunden waren mir einfach zu blöde.

Als ich nach sechs Wochen das Krankenhaus wieder verlassen durfte, war ich kaum noch ich selbst. Die Worte einer Krankenhaus-Ärztin klingen mir noch heute im Ohr: „Herr Winter, das Medikament wird Sie nicht verändern oder etwas mit Ihnen machen." Wie zynisch und falsch ich das in diesem Moment fand, denn ich wusste bereits um die furchtbaren Nebenwirkungen von Neuroleptika. Ich weiß inzwischen auch, dass mir solche Medikamente helfen, aber sie haben mich aufgeschwemmt, besonders im Brust- und Bauchbereich, sodass ich beim Snowboarden kaum noch vom Boden wegkomme, weil ich zu dick geworden bin, sodass ich nur noch rumschippern kann. Nie mehr werde ich deswegen Windsurfen können, denn wer einmal erlebt hat, wie prickelnd es ist, mit einem Semi-Sinker oder Sinker über das Wasser zu fliegen, wird sich wohl kaum damit abfinden können, mit einem dicken Schiff zu surfen, dass man braucht, um 100 Kilo über Wasser zu halten.

Ich bin immer furchtbar müde. Selbst Joggen bringt kaum etwas. Deswegen leuchtet mir beim Abwägen des realen Nutzens im

Vergleich zu grausamen Nebeneffekten der Mehrwert kaum ein, auch wenn ich das Medikament natürlich heute wie vorgeschrieben in einer geringen Dosierung noch nehme, aus Prophylaxe-Gründen.

Es ist schon irgendwie ein radikaler Eingriff in meinen Körper. In der Bibel steht, der menschliche Körper ist ein Tempel Gottes und man sollte ihn achten. Insofern empfinde ich das schon als Menschenrechtsverletzung und menschenverachtend, dass ich solch ein Medikament, das meinen Körper faktisch verändert hat, mehr oder weniger einnehmen muss. „Oder wisst ihr nicht, dass euer Leib ein Tempel des Heiligen Geistes ist, der in euch ist und den ihr von Gott habt, und dass ihr nicht euch selbst gehört? Denn ihr seid teuer erkauft; darum preist Gott mir eurem Leibe (1. Korinther 6, Verse 19-20; Luther 2002)." Der Punkt ist, dass die Wissenschaft der Psychologie zur Naturwissenschaft verkommen ist, die sie nie gänzlich war und ist. Ein Beispiel: Als Patient wird man immer mit der wörtlichen Phrase „seelisch krank" abqualifiziert, aber andererseits nur mit Maßen und Zahlen gemessen und beurteilt.

Natürlich ist es gut, als Psychiater auch Ahnung von Statistik und Mathematik zu haben. Aber warum wird dies immer so überbewertet? Denn wo ist die Seele im Körper, und wie bloß sollte man sie messen können? Das ist schon das Grundparadoxon an der Herangehensweise. Seele ist etwas Transzendentes, das Gott jedem Menschen gibt. Etwas Höheres. Das Prädikat „seelisch krank" kommt mir vor wie der klägliche und verzweifelte Versuch einer größenwahnsinnigen Wissenschaft, mich irgendwie unterzukriegen. In meinen Augen ist die menschliche Psyche etwas anderes als die Seele. Die Psyche setzt sich eher zusammen aus dem Intellekt eines Menschen, aus seinen ganz eigenen Talenten und Veranlagungen, aus Werten, die Eltern und andere anerzogen haben; ebenso wie individuelle Horizonte aus Erfahrungen und Erlebnissen. Psyche kann also somit auch als etwas Fremdbestimmtes betrachtet werden. Etwas, das zwar von Geburt an schon da ist, sich im Verlauf eines Lebens sich jedoch weiter herausbildet und das andere Menschen mitprägen.

Die Psyche mag durchlässig sein wie eine Membran. Für gute und schlechte Einflüsse, Erfahrungen, kurzlebige mediale Eindrücke, oder auch für einschneidende Momente, die einen bis zum Rest des Lebens determinieren und prädestinieren. Die Psyche sieht, hört, riecht, schmeckt, nimmt wahr; sie dekodiert Sprache, reale visuelle, haptische und auditive Reize der Umgebung, sie speichert Informationen, prägt sich Dinge ein für immer. Gerade Menschen sind anfällig für Traumata, also einschneidende Ereignisse, die sie erlebt haben und nie verarbeiten können und welche die Psyche extrem verstören. Die Psyche vermute ich im oberen Teil des Körpers. Vielleicht umspannt sie das Herz, die Sinnesorgane und natürlich das Gehirn, welches das Einfallstor für die äußere Welt darstellt. Die Psyche ist etwas Unbegreifliches und jeder, der behauptet, hundertprozentig verlässliche, wissenschaftliche Aussagen über sie treffen zu können und dies als Grundlage nimmt, über ganze Schicksale von Menschen zu entscheiden, ja gar über Freiheit und Unfreiheit zu herrschen, ist fragwürdig.

Wer nicht schafft, alles, was auf seine Psyche einprasselt, zu verarbeiten oder zu unbewusst lebt, bleibt auf der Strecke. Und auch, wer aus einer Art Gier viel zu schnell gelebt hat wie ich, kann kaum noch alles verarbeiten. Da mag sich dann allerhand ansammeln im Laufe der Jahre. Dinge, die im Unterbewusstsein liegen bleiben. Was kann man dazu? Schließlich ist es die Welt, deren Geschwindigkeit immer mehr zunimmt: Zu viele Reize prasseln auf die Menschen ein. Noch vor zweihundert Jahren verarbeitete man nur natürliche Sinnesreize. Heute kommt in der Informationsgesellschaft eine zusätzliche Anforderung für die Verarbeitung im Gehirn: Wir konsumieren den halben Tag, Fotos, Filme, Texte, Musik, Radio, gerne auch alles zusammen im Internet. Somit hat man immer zwei Ebenen, die es zu verarbeiten gilt: eine reale und eine mediale. Obschon letztere selbstverständlich auch mit der Realität verknüpft sein kann oder auf diese verweist, sofern nur dokumentarische Informationen konsumiert werden. Das Ganze ist schon irgendwie eine veritable Flut an Reizen, die Menschen verarbeiten müssen. Ob diese Überforderung der Psyche dazu führt, dass immer mehr Menschen im Laufe ihres Lebens plötzlich psychisch erkranken, wie zum Beispiel ich im Alter von 25 Jahren? Es mag dazu beitragen, ein Faktor sein im Labyrinth psychologischer Modelle, die sich darum bemühen, zu erklären, wie solche Krankheiten entstehen. Ich habe immer den Eindruck, die menschliche Spezies handelt sich immer mehr dieser psychischen Zivilisationskrankheiten ein, und ich bin nur ein Beispiel dafür. In der rasanten Geschwindigkeit, in der sich das menschliche Wissen heute vermehrt und deswegen immer mehr gelernt und erfahren werden muss, nimmt eben niemand mehr Rücksicht auf die psychische Verletzlichkeit, die jedem einzelnen Menschen innewohnen mag, was schon irgendwie sozial-darwinistisch ist.

Natürlich beeinflusst die Psyche auch die Seele, die für meine Begriffe etwas ganz anderes ist: Aus meinen langjährigen Erfahrungen als Freizeit-Skateboarder und -Snowboarder habe ich gelernt, dass Seele und Körper eine Einheit bilden können. Dies kann jeder natürlich auch auf jede andere Weise erreichen. Mit anderen Meditationen, anderen Sportarten.

Seele ist für mich etwas an sich Unverrückbares, ein Geschenk Gottes, eine konstante Größe in jedem Menschen, eine Kontinuität, die das ganze Leben hinweg überdauert. Etwas, in dem jedes Individuum sich selbst erkennen mag: den rasenden Jahreszahlen, ständig wechselnden räumlichen Kontexten, veränderbaren sozialen Umfeldern und abwechselnden Lebenssituationen zum Trotz. Niemand sonst hat meine Seele in dieser Form. Dafür danke ich Gott. Zum Beispiel mit meinem Klavier kann ich meine Seele sprechen lassen. Oder auch durch Fotos und Sprache. Die Seele kommt von Gott, und zu ihm geht sie wieder hin. Jeder Mensch hat eine eigene Seele, und dies ist für mich das Wunder Gottes: Eine eigene Seele, die den Grundcharakter und Geist eines jeden Menschen ausmacht. Und genau diese Seele ließ mich das schwere Symptom in meinem Gehirn einfach an mir abprallen und unbeeindruckt bleiben.

Ich würde persönlich lieber Cortison einnehmen, weil ich vermute, dass mein Gehirn einfach nur entzündet war.

Es kann im Grunde nur ein ganzheitlicher Patientenansatz helfen, der sich noch für jedes kleinste Detail einer Lebensgeschichte interessiert. Doch dafür hat gar niemand Zeit und Lust. Denn der Andrang auf die psychiatrischen Ärzte ist einfach zu groß. Und es ist natürlich für die Pharmaindustrie einfacher, Menschen aus Geldgier an den Pillen-Tropf zu hängen und zu verwalten. Das ist wahrscheinlich sehr lukrativ. Ist die psychologische Wissenschaft gar zu einem ideologischen Druckmittel verkommen oder läuft sie in Gefahr, dies zu werden? Wie kann jemand, der wie ich emotional sehr differenziert Klavier und andere Instrumente spielt sowie einfühlsam fotografiert, „seelisch krank" sein? Ich würde eher behaupten wollen, dass in meinem Gehirn, in meinem auditiven System ein Fehler war, oder eine Gehirn-Entzündung. Zu diesem Ergebnis kam ich einst am Ende meines Nebenfach-Studiums der Psychologie.

All diese Gedanken gingen mir im Krankenhaus durch den Kopf. Nach sechswöchigem Aufenthalt durfte mich mein Dad wieder abholen. Es war an einem sonnigen, kalten Morgen Anfang April 2009.

Wenn ich heute an das psychiatrische Krankenhaus zurückdenke, assoziiere ich oft einen Psalm Davids aus dem Alten Testament (Psalm 30, Verse 2-3; Luther 2002):

„Ich preise dich, HERR; denn du hast
mich aus der Tiefe gezogen und lässest meine Feinde
sich nicht über mich freuen.
HERR, mein Gott, als ich schrie zu dir,
da machtest du mich gesund."

Schrauben sortieren?

Wieder aus dem Krankenhaus zurückgekehrt, kam ich in ambulante Behandlung mit einem dreiwöchigen Termin, und die Medikation wurde auf Risperidon umgestellt. Ein Medikament, das als mögliche Nebenwirkungen mit unterschiedlichem Wahrscheinlichkeitsgrad Dinge wie „Gewichtszunahme", „Depressionen", „Zuckerkrankheit", „Herz-Kreislaufprobleme", „Grüner Star" und etwa auch „femininer Brustgewebewachstum bei Männern" laut Packungsbeilage hat. Es scheint den Menschen egal zu sein, wenn ein Patient theoretisch gar blind, zusätzlich noch depressiv und dickleibig werden könnte, Hauptsache es stützt die These, das die Medikamente im Namen der Wissenschaft und Pharmaindustrie angeblich hundertprozentig nützlich wären. Scheinbar wird man mit einer derartigen Krankheit so sehr als Gefahr für die Menschheit eingestuft, dass man dann gezwungenermaßen so schweres Zeug einnehmen muss. Auch dieses Medikament war so stark, sodass ich monatelang apathisch vor mich hindämmerte.

Irgendwann musste ich nochmal zurück in die Klinik und einen Test bestehen. Es ging um meine weitere Zukunft und wie selbstbestimmt ich noch fortan leben durfte. Der Arzt war mir zum Glück freundlich gesonnen. Er sagte, ich bräuchte nur für ein Jahr einen Betreuer und ließ mich meinen Papa bestimmen. Da hatte ich zum ersten Mal Glück gehabt in diesem ganzen Kontext.

Irgendwann hatte jemand, ich glaube es war eine ambulante Ärztin, die Idee, dass ich eine berufliche Reha in der Nähe von Kassel machen könnte. Ich sammelte also allerlei Empfehlungsschreiben von Ärzten ein, die ich bereits in der Region kennengelernt hatte. Damit stellten wir dann Anträge, um die Reha bezahlt zu bekommen, so etwa bei der Rentenversicherung oder auch bei der Schwerbehinderten-Abteilung der Bundesagentur für Arbeit in Kassel. Mit deren Beratung für Akademiker hatte ich bis dahin gute Erfahrungen gemacht und schon die ein oder andere absolvierte Fortbildung bezahlt bekommen. Wahrscheinlich hatte ich mit Herrn D. in der plötzlich für mich zuständigen Schwerbehinderten-Abteilung einfach nur Pech. Er begegnete mir mit großem Misstrauen, wollte mir überhaupt nichts mehr zutrauen, und dies ging sogar so weit, dass er sagte, falls ich mich in der Reha ungeschickt anstellen sollte, könne er sich durchaus auch vorstellen, dass ich in einer Fabrik mit Menschen mit Down-Syndrom Schrauben sortieren könnte. Meine hohen akademischen Qualifikationen interessierten ihn nie.

Dieses Beispiel zeigt, wie man als psychiatrischer Patient immer in der Hand von anderen ist – bis hin zur Zerstörung, wenn man Pech hat.

Der Leiter des Sozialamtes in dem Landkreis, in dem ich wohnte, willigte dann ein, zumindest den Anfang der Reha zu bezahlen. Dies rettete dann meine Karriere, denn den netten Mitarbeitern der Einrichtung für berufliche Rehabilitation war daran gelegen, dass ich wieder karrieremäßig auf die eigenen Beine kam. Zum ersten Mal hatte ich das Gefühl, ernstgenommen und beruflich verstanden zu werden. Sie legten für mich auch ein gutes Wort bei Herrn D. ein, und so durfte ich insgesamt sechs Monate an der Reha teilnehmen, weil die Arbeitsagentur freundlicherweise doch den Rest der Kosten übernahm. Insgesamt dauerte es circa über ein halbes Jahr, bis ich in Form des Sozialamts endlich einen Kostenträger für den Reha-Beginn gefunden hatte. Nun musste ich beweisen, dass ich noch fit war und stand total unter Druck. Wahrscheinlich hatte die Reha bei dem Betreiber Vitos in Gux-hagen den Staat dann weniger Geld gekostet, als wenn ich sub-sequent jahrelang Sozialhilfe erhalten hätte. Dies war im Grunde der positive Wendepunkt in meiner Suche nach einer redaktio-nellen Vollzeitstelle. Da wurde mir klar, dass sich das Ganze viel-leicht doch wieder zum Guten wenden könnte. Jedenfalls hatte ich jetzt vieles selbst wieder in der Hand, weil ich endlich die Chance bekam, mal zu zeigen, was ich beruflich schon ein wenig gelernt hatte.

In der Reha interessierte sich auch zum ersten Mal jemand für mein Studienzeugnis und meine beruflichen Zielsetzungen. Eine Ärztin, Ende 30 und sehr freundlich. Als sie mir die Dosis auf ein Minimum reduzierte, schöpfte ich wieder Hoffnung, meinen Dämmerzustand wieder loszuwerden, nachdem ich monatelang vor mich hingedöst hatte. Als ich die Formalitäten wie Mandala ausfüllen und Intelligenztest überstanden hatte, stellte man mir ein Praktikum in Aussicht. Dieses war in der Pressestelle eines Verbands. Allerdings konnte mir dessen Leiterin keine Übernahme anbieten. Also bewarb ich mich um ein weiteres Redaktionspraktikum in einem Verlag in der Region, den mir die Reha-Einrichtung empfohlen hatte. Es war inzwischen mein fünftes, und das Wort „Praktikum" hing mir schon zum Hals raus ohne Ende. Praktikum. Praktikum. Praktikum. Praktikum. Und nochmals: Praktikum. Diese Bewerbung müsste gefühlt so die circa zweihundertfünfzigste gewesen sein. Und ich nahm an meinem circa zehnten Job-Interview teil.

Die Erbarmung

Im Vorstellungsgespräch soll man ja immer freundlich sein und aufgeweckt. Zu diesem Zeitpunkt war mir das Lachen jedoch gründlich vergangen und ich war der frustrierteste Mensch, den man sich vorstellen konnte. Während ich im Foyer des Medienhauses wartete, schossen mir die Fragen durch den Kopf. In circa zwei Monaten würde das Reha-Programm für mich enden, was sollte danach kommen? Schrauben sortieren? Eine Sozialwohnung in einer Umgebung, die mich zum Beispiel wegen meines Klaviers hassen würde? Es war eigentlich meine letzte Chance, dies zu verhindern, und ich war vollkommen verunsichert.

Oh nein, er ist gut fünf Jahre jünger als ich, dachte ich nur noch, als ein Abteilungsleiter im Foyer um die Ecke kam. Das Gespräch verlief positiv, aber er musste erst noch den Verlagsleiter anrufen, der gerade am Mittelmeer im Urlaub weilte. Also setzte ich mich in mein Auto und fuhr wieder nach Hause. Dann kam bei mir wieder so etwas wie leichte Hoffnung in Sachen Karriere auf, zum ersten Mal seit drei Jahren. So nach ungefähr zehn Kilometern klingelte mein Handy, und ich fuhr rechts ran und stoppte den Wagen. „Herr Winter, Sie können das Praktikum haben, sagte der Verlagsleiter vom Strand aus, und es besteht auch die Aussicht auf eine Übernahme", teilte mir einer der Abteilungsleiter sinngemäß mit. „Vielen Dank". So bekam ich meine erste wirkliche berufliche Chance im Leben, scheinbar aus einer

Strand- und Urlaubslaune heraus, wie ich in diesem Moment dachte. Das war so im Sommer 2010. Ich ging völlig verunsichert und ohne besonderen Optimismus an den Job heran. Ein Zeitschriften-Verlag also. Doch zu meiner Überraschung durfte ich noch während des Praktikums ein Vorwort schreiben. Das war genau mein Ding, dass man total eigenständig vor sich hinarbeitete, ohne ständig kontrolliert zu werden.

Dafür werde ich dieser Firma und den Menschen, die mich einstellten, bis ans Ende meiner Tage immer dankbar sein, denn ich war dort vorläufig erstmal in Sicherheit vor dem Super-Gau namens Sozialhilfe, weil die Reha sich einfach unaufhaltsam dem Ende zuneigte und ich bis dahin eine längere Praktikantenstelle gefunden haben musste. Nach drei Monaten Praktikum machte ich mal zwei Wochen Urlaub und wusste, wenn ich wieder zurückkehren würde, dass dann die Entscheidung über meine Übernahme fallen könnte. Aber erstmal ging es wieder mal in die Bretagne nach Frankreich, mit meiner Schwester, meinem Schwager, den Neffen und meinen Eltern. Dort wartete ich total unruhig auf meine Übernahme und betete jeden Tag dafür. Nach dem Urlaub erhielt ich dann tatsächlich die freudige Nachricht, fest angestellt zu werden. Dies war das Ende eines über vierjährigen Arbeitskampfes. Und ein weiteres Wunder Gottes: Endlich wollten mir Menschen beruflich wieder etwas zutrauen. Der damalige Verlagsleiter setzte sich auch bürokratisch immer wieder intensiv mit der Arbeitsagentur auseinander und löste eine für mich schwierige Situation, indem er mich einfach wahrheitsgemäß für arbeitsfähig erklärte und sich über die ungläubigen, ja geradezu nervigen Fragebögen hinwegsetzte, die er öfters von der Arbeitsagentur für mich erhielt: ein vorläufiges wunderschönes Happy End in Sachen Karriere.

Anschließend musste ich noch einmal in die Rehabilitationseinrichtung gehen, wo es ein Spätsommerfest gab. „Herr Winter, sie sind ja wie verändert und wirken ganz anders", sagte eine Mitarbeiterin zu mir. Wie soll man denn noch den Menschen in die Augen schauen, wenn man ganz unten ist und mit dem Rücken zur Wand steht? Oder lachen und freundlich sein? Während meiner rund dreivierteljährigen, intensiven, meist ambulanten Behandlung musste ich mir immer wieder anhören, ich solle doch den Menschen in die Augen schauen und lauter reden. Aber ich konnte das kaum noch, weil mich die Menschen damals so anwiderten nach allem. Autismus hat mir das medizinische Personal deswegen schon mal versucht, zusätzlich anzudichten, zum Glück vergeblich, denn sonst hätte ich noch weitere Medikamente schlucken müssen.

Dennoch kann ich dieses Rehabilitations-Modell für psychisch kranke Patienten jedem betroffenen Menschen nur wärmstens empfehlen, weil darüber Kontakte zu jeder Branche mühelos hergestellt werden können, was einem gebrochenen Menschen schwerfallen mag.

All diese Gedanken gingen mir durch den Kopf, während ich auf dem Vorplatz der Reha-Einrichtung zu meinem Auto ging. Die Sonne schien, und ich kostete den Vorgeschmack des Triumphes und der endgültigen Freiheit in vollen Zügen. Jedenfalls war dies dann das Ende meines Berufsorientierungs-Horror-Trips und auch ein positiver Anstoß für mein privates Leben. Endlich wieder verreisen, in die Berge fahren, oder auch wieder nach Afrika. Heute fliege ich für mein Leben gerne, und dies geschieht symptomfrei. Schon bald begann ich, Kontakte wieder herzustellen. Endlich konnte ich anderen Menschen wieder in die Augen blicken.

Somit fand im Herbst 2010 eine kausale Kette, die im Jahr 2006 zum Glück das Gesundheitsamt ausgelöst hatte, ein gutes Ende, indem ich nach relativ kurzer psychiatrischer Behandlung im Vergleich zu der Schwere meines psychologischen Problems endlich arbeiten durfte. So bin ich von heute aus betrachtet dankbar, dass es jemandem auffiel, ich später auch behandelt wurde und die berufliche und medizinische Rehabilitation durchlaufen durfte.

Doch irgendwie hätte ich mir in Anbetracht meiner sehr guten Uni-Abschlussnote einen glorreicheren, kürzeren Initiationsritus für den Übergang zum Arbeitsleben gewünscht. Und: Ich habe jetzt eine riesige Lücke im Lebenslauf, die mir bis zum Ende meines Arbeitslebens Probleme bereiten wird.

Ich wusste, es hatte nichts mit den Behörden zu tun – diese wollten mir ja helfen –, sondern es war wohl eher ein arbeitsmarktpolitisches Problem, das mir in der freien Wirtschaft begegnete. Ohne das Reha-Programm hätte ich niemals eine Arbeitsstelle gefunden.

Die Lücke im Lebenslauf

Aber noch heute gerate ich ins Grübeln, wenn ich nach Gründen für meine einstige Verhinderung suche. Nur allzu gerne würde ich die Ursache dafür kennen. Eigentlich bin ich kein Verlierer, der sich nicht damit abfinden kann, sondern ein Gewinner, den die Gesellschaft als Verlierer verkaufen möchte, weil ich ihr aus ganz verschiedenen Gründen nicht ins Konzept passe: Die langjährige Arbeitslosigkeit hatte in mir eine Verbitterung hinterlassen, die ich nie mehr loswerde, auch wenn ich bis zum 72. Geburtstag glücklich beschäftigt sein sollte. Das Schmerzhafteste an meinem Kampf um eine Arbeitsstelle war, dass mir niemand noch etwas zutrauen wollte. Angenommen, ich würde die Arbeitsstelle aus Gründen wechseln müssen: Die gleiche Problematik käme sicher wieder auf, denn einem vermeintlich Behinderten traut man kaum etwas zu.

Und: Die Lücke im Lebenslauf ist jetzt da, auch wenn ich mich damals noch so sehr mit gutem Willen dagegenstemmte: Die negativen Fakten sind mit der Lücke geschaffen worden, und zwar von anderen Menschen. Sie hinterlässt einen schlechten Eindruck, weil ich dadurch in Erklärungsnot gerate. Meine Erkrankung ist ein Angriffspunkt, mit dem man meine einstige Unterdrückung pseudolegitimieren könnte: quasi auch ein willkommener Vorwand, unter dem man mich karrieremäßig weiterhin behindern und kleinhalten könnte. Falls meine Behinderung der ausschließliche Grund für die bisherigen Erschwernisse in meiner Karriere sein sollte, so bleibt mir dies völlig unverständlich.

Millionen von Menschen in Deutschland haben eine Behinderung, darunter sind bestimmt auch Medienschaffende. Bei einem mag vielleicht ein physisches Problem vorliegen, der andere mag schon mal eine Depression gehabt haben, bei mir feuern die Synapsen an den Neuronen manchmal im Gehirn zu schnell – so die naturwissenschaftlich-theoretische Begründung meiner Krankheit –, was dann für mich unangenehm werden kann. Schließlich bin ich selbst es, der von der Krankheit betroffen ist, während leider psychisch kranke Menschen immer als gefährliche Belastung für die Allgemeinheit gesehen werden.

Die Menschen baden sich immer in Selbstmitleid, wenn es um das Thema psychisch erkrankte Mitmenschen geht, und dabei wird nur allzu gerne vergessen, dass die Betroffenen es selbst sind, die unter ihrem Problem alleine zu leiden haben: So lange man für andere keine Belastung oder gar Gefahr darstellt, ist man doch selbst das Opfer, aber dies wird vom sozialen Umfeld nur allzu gerne anders gesehen. Gott ist mein Zeuge, dass mein Verhalten in Karriere-Kontexten für andere nie von der Krankheit auffällig beeinträchtigt war. Ich hatte mich in Karriere-Kontexten stets unbelastend verhalten.

Man sagt Menschen mit psychischen Erkrankungen immer nach, dass sie in zwei Welten lebten, unberechenbar seien und Anfälle hätten mit sonderbaren Verhaltensweisen und ähnlichem, oder gar ein kriminelleres Potential hätten als psychisch gesunde Menschen. Das sind Ammenmärchen, denn jeder Mensch ist zu allem fähig, auch ohne entsprechende Diagnose. Jeder Mensch, ob mit oder ohne Diagnose, empfindet manchmal Gefühle wie Wut oder hat innere Aggressionen, wenn er in einer Situation das Nachsehen hatte. Die Frage ist, ob man sich im Griff hat und derartige Emotionen beherrscht. Ob jemand dann tatsächlich verbal oder physisch aggressiv wird, ist bei jedem Menschen eher eine Frage der Selbstkontrolle. Und des individuellen Charakters.

Es stimmt schon: Oft entpuppen sich Amokläufer dann als schizophren oder manisch depressiv oder sonst was. Es gibt schon öfters mal Gewaltverbrecher mit Psychosen, aber nicht jeder so diagnostizierte Mensch ist im logischen Umkehrschluss automatisch auch ein Gewaltverbrecher. Wahrscheinlich hat die große Mehrheit der verurteilten Straftäter gar keine psychiatrische Diagnose. Dies würde ja das Vorurteil widerlegen. Deswegen gibt es wohl auch mehr reguläre Gefängnisse als forensische Psychiatrien. Aber die psychiatrische Forschung lässt diese statistische Perspektive allzu gerne außer Acht und bemüht eher diskursiv folgenden Vergleich: Der prozentuale Anteil an Kriminellen unter schizophrenen Patienten sei höher als der prozentuale Anteil Krimineller unter gesunden Menschen. Meiner Meinung nach hinkt der Vergleich gewaltig, denn beide Populationen lassen sich quantitativ keineswegs miteinander vergleichen und gesunde Menschen werden im Alltag weniger in aggressive Rollenmodelle hineingepresst. Verrückte Amokläufer und ähnliches machen es natürlich friedlichen Menschen mit Diagnose wie mir sehr schwer. Denn die Welt weiß einfach zu wenig über das Thema psychische Krankheiten. Wenn mal wieder einer mit Waffen durchdreht, erwähnen die Medien manchmal beinahe genüsslich, der Täter habe psychische Probleme. Dies ist eigentlich egal, denn es handelt sich einfach nur um einen total schlechten Charakter. Ob ein Täter eine Diagnose bereits hat oder noch bekommt: Es ist verantwortungslos, dies zu erwähnen, weil dann alle anderen friedlichen Menschen mit Diagnose zu Unrecht genauso gehasst werden. Auch als normal-friedlicher Mensch wird man immer nur auf die Erkrankung reduziert. Im Volksmund stellen sich die Menschen landläufig immer vor, Patienten mit psychischen Erkrankungen würden bei Anfällen die Kontrolle über sich verlieren, besonders über ihr Verhalten. Das trifft auf mich und wahrscheinlich so manch anderen überhaupt nicht zu. Es passiert heute selten, dass ich einen Tag erwische, an dem es mir kaum optimal geht. Aber ich funktioniere dann genauso wie „gesunde" Menschen. Ob bei der Arbeit, zu Hause, gegenüber meiner Familie oder Bekannten. Ich persönlich definiere mich nie über meine Krankheit, denn es gibt Dinge wie Musik, Sport, Familie, Bildung und natürlich mein christlicher Glaube, über die ich mich hauptsächlich definiere, sodass die Diagnose nur ein ganz kleiner Aspekt in meinem Leben ist.

Ich war den Menschen immer nur ein Dorn im Auge. Erst als Jugendlicher. Und heute bin ich ihnen wahrscheinlich zu undefiniert in ihren eigenen stereotypen gedanklichen Bahnen. Es ist schwierig, mich politisch einzuordnen, weil ich nicht denken will, was andere mir vorgeben. Ich bin zum Beispiel gegen die sexualisierende Gender-Erziehung kleiner Kinder in der Schule. Und für eine „geschlechtstypische Erziehung" und, zumindest was mein eigenes Leben angeht, für ein christlich-traditionelles Familienbild. Macht mich das zum Populisten? Nein, denn ich bin für einen gesamteuropäischen Ansatz bei der Aufnahme von Flüchtlingen, für die Europäische Union, eine Außenpolitik nach dem Vorbild der Schweiz und eine globale Gesellschaft. Mit meiner pro-israelischen Haltung habe ich im Vergleich zu anderen Medienschaffenden in Deutschland auch ein relatives Alleinstellungsmerkmal. Gleichzeitig bin ich auch gegenüber Muslimen aufgeschlossen. Das Beispiel veranschaulicht: Jeder Ideologe, der mich einordnen soll, würde sich an mir wohl die Zähne ausbeißen. Ich brauche keine linke Etikette. Mich als politisch rechts zu verkaufen, wäre genauso unmöglich. Widersprüchlich finde ich das kaum. Meine ideologische Ausrichtung passt wahrscheinlich einfach kaum in den Mainstream rein, denn ich halte es für lösungsorientiert, nicht das zu denken, was andere vorgeben.

Mein Lebenslauf hat akademische und sonstige Aus- und Fortbildungen im Bereich Medien, Sprache und Redaktion mit sehr guten Noten. Aber nach Intelligenz, Qualifikationen und Leistung scheint es aus meiner Sicht in diesem Land kaum noch zu gehen. Vielleicht ist es so eine Art Herdenreflex, der das Ausreißen nach oben verhindern soll. Aber man darf einfach nicht aufgeben, egal was kommt – wenn man Jesus kennt, ist das ganz einfach. Man muss immer an das Happy End glauben und dafür kämpfen. Als arbeitswilliger, hochqualifizierter Langzeitarbeitsloser wider Willen überkam mich nach einer Weile damals der größte Hass auf diese Gesellschaft, den man sich vorstellen kann. Zum Glück besteht mein heutiges Leben weder daraus, mich den ganzen Tag daran zurückzuerinnern, noch will ich mich langfristig resignieren und verbittern lassen. Denn zum Glück kenne ich Jesus, und er würde wohl auch nach vorne schauen. Der Hass darf einen nie überkommen, auch wenn das Establishment genau das will, um einen gesellschaftlich abzudrängen, Konformität und Reife abzusprechen, ja geradezu politisch nach rechts oder links abzudrängen.

Man hatte mich gebrandmarkt mit der Lücke im Lebenslauf. Wann immer ich meine Vita auf dem Papier ansehe und sie bemerke, überkommt mich die Sorge, dass irgendwann alles wieder von vorne losgeht: verzweifelte Jobbewerbungen, Fahrten zu Job-Interviews kreuz und quer durch Deutschland, Absagen ohne Ende. Doch ich bin sicher: Mit der Hilfe Gottes würde ich erneut gewinnen, käme es noch mal zu einer ähnlichen Situation auf dem Jobmarkt. Vielleicht lag in meinem Leben einfach ein Mentalitätsproblem zwischen mir und der Gesellschaft vor, dachte ich damals: Ich hatte immer den Eindruck, die Masse der Menschen bildete irgendeinen Konsens, der mir kaum einleuchtete und dessen Bedeutung mir versagt blieb und den ich auch nie teilen wollte, weil ich eine ganz andere Mentalität und Lebenseinstellung hatte. Vielleicht war ich den Menschen einfach nicht zackig genug; ihr strammer Habitus, die Hektik, das Sich-Weg-Ducken, das Bloß-Nicht-Anecken, die Angst, aus der Reihe zu tanzen, das Gründliche, der Ordnungswahn, das Zur-Arbeit-Marschieren, das Demütigen im Namen der Spezies, die zwanghafte Disharmonie im Umgang miteinander, die Pseudo-Coolness, die Gleichmacherei, das aggressive Anstacheln, mit denen sich die Menschen hierzulande zu Höchstleistungen anspornten, ihr Humor, den ich humorlos, spießig, zynisch und menschenverachtend fand, auf der anderen Seite der bis in das Extrem getriebene und übertriebene Allgemeinsinn, die Aktenordner, das penible Durchorganisiertsein, der Auto-Fetischismus, der Gesundheitswahn, das Marschieren ohne Grund, die aggressive Geräuschkulisse in Mietshäusern, der Ordnungs-Zwang, die Durchreglementierung bis in das kleinste Detail, der latente Sozial-Darwinismus, das Taktlose in der verbalen Kommunikation, das notorische Konkurrenzdenken, der die eigene Überlegenheit sichernde Sarkasmus, der arrogante Chauvinismus, mit dem sich alle wie durch Telepathie sofort miteinander solidarisierten, um Individualisten und Abweichler nach oben und unten fertig zu machen, der Zwang zum Durchschnittsdenken, die unbegründet-lächerliche Arroganz ohne Kompetenz, das übertriebene Bedürfnis, mit allen Mitteln Teil der Masse zu sein sowie viele andere Dinge, die man schwierig in Worte fassen konnte.

All dies ging mir schon immer abhanden und dadurch unterschied ich mich von vielen Menschen.

Ob Franzosen, Dänen oder Äthiopier: Viele Leute haben mir schon gesagt, dass ich vollkommen anders bin, als andere Deutsche, die sie schon kennengelernt haben. Das stützt meine ganz eigene Theorie, dass meine Karriere-Probleme vielleicht auch auf einen krassen Mentalitätsunterschied zurückgingen. Trotzdem gefällt mir heute Deutschland sehr gut, und ich weiß, dass es hier auch viele Menschen gibt, die mir sympathisch sind. Diese Welt erschien mir als Kind und Jugendlicher geradezu wie eine widerliche, barbarische und apokalyptische Bestie, die mir – auch seitdem ich erwachsen wurde – nur Probleme bereitete, anstatt meine beruflichen Talente zu fördern und mich entsprechend meiner Potentiale gewähren zu lassen. Und dies alles nur, weil mir ein Stigma anhaftete oder besser: angeheftet wurde.

Mir fiel schon als Kind und Jugendlicher auf, dass Menschen oft geradezu verzweifelt süchtig sind nach Disharmonie im Umgang miteinander, oder nach einem Feindbild, über das sie sich dann miteinander solidarisieren, weil sie sich ohne ein gemeinsames Feindbild wahrscheinlich gegenseitig zerfleischen würden. Sie schaffen es einfach kaum, ohne Spannungen zu leben, und – egal ob in der Schule, bei der Arbeit, in Wohnsituationen oder sonst wo – brauchen ständig Reibungen und Unfrieden und versuchen einen mit allen Mitteln, damit anzustecken. Ich war deswegen aus einer bewussten Entscheidung heraus immer ein Einzelgänger, der alles alleine schaffen und vieles auf hohem Niveau können wollte.

Durch die Krankheit habe ich mit 34 Jahren, als ich mich erstmals behandeln ließ, plötzlich realisiert und mir eingestanden, dass ich auch Schwächen habe und ohne die Hilfe von Ärzten, Krankenschwestern und Sozialarbeitern alleine nicht mehr weiterkommen konnte. Heute sehe ich all dies anders. Würde ich Jesus nicht kennen, hätte ich verloren. Irgendwie bin ich heute froh, auf Wunsch im biblischen Rahmen Musik machen zu dürfen oder auch wieder mit anderen Sport zu machen. Zum Bruttosozialprodukt beizutragen. Beruflichen gesellschaftlichen Einfluss zu haben: Inzwischen weiß ich, dass eine Gesellschaft immer so aussieht, wie Beeinflusser und Gestalter sie formen.

Ich denke, mit Medien hat man auch gute Optionen, die Gesellschaft mitzugestalten. Man käut zwar alles immer nur wider, wie ein Spiegel, aber man kann auch mal einen Kommentar schreiben. Es ist schon ein ideologisch sehr umkämpftes Berufsfeld. Vielleicht macht mir letzterer Satz meinen damaligen Kampf um Arbeit und die Lücke im Lebenslauf jetzt erst erklärbar. Oder kann ein ehemaliger Funsport-Junkie mit kaputter Vergangenheit einfach keine öffentliche Verantwortung übertragen bekommen, weil dies in einer Welt voller Pseudo-Saubermänner gegen die gesellschaftliche Farce verstoßen würde, auch wenn er noch so gute Noten hat? Mein Eindruck ist, dass es in meiner Branche eher einen breiteren Konsens gibt für die totale Affirmation von Phänomenen wie etwa die Technokratisierung, Gentechnik und neuartige Rechtsformen von Familienmodellen, aber einen Redakteur, der ein christlich-liberales-interkontinentales Weltbild vertritt und ohne Feindbilder lebt, den ist man scheinbar weniger gewillt zu akzeptieren: Für mich ist dies ein eklatanter Widerspruch. In einem Land, das sich die Menschrechte und Toleranz auf die Fahnen geschrieben hat – mehr oder weniger als Diktat –, ließ man jemanden wie mich, der einen normalen Wertehorizont hat, auf dem Arbeitsmarkt sehr kämpfen.

Die Reflexe, die mir auf dem Arbeitsmarkt schon entgegenschlugen, bevor ich eine Arbeit fand, sind eine Schande für die Menschheit und beschämend. In der Bibel steht (2. Timotheus 2, Vers 6; Elberfelder Übersetzung): „Der Ackerbauer, der sich müht, muß als erster an den Früchten Anteil haben." So ähnlich heißt es auch an anderer Stelle (1. Timotheus 5, Vers 18; Elberfelder Übersetzung): „Denn die Schrift sagt: ‚Du sollst dem Ochsen, der da drischt, nicht das Maul verbinden', und: ‚Der Arbeiter ist seines Lohnes wert.'" Würde es nach Leistung gehen und würde das Leistungsprinzip auch für mich gelten, hätte ich niemals so lange um einen Medienjob kämpfen dürfen. Vielleicht bin ich selbst, als einer unter Milliarden von Arbeitnehmern weltweit, und vielleicht ist das, was mir auf dem Arbeitsmarkt persönlich schon an ungleicher Behandlung teilweises widerfahren ist, auch als apokalyptisches Phänomen begreifbar. Vielleicht musste ich als Christ, so wie viele andere Menschen auch, gegen eine aus dem Ruder gelaufene, apokalyptische Gesellschaft mit friedlichen Mitteln ankämpfen, um beruflich wenigstens zu existieren.

Inzwischen bin ich verantwortlich für verschiedene Zeitschriften und sogar Chefredakteur von einem dieser Magazine. Und ich arbeite immer noch bei der gleichen Firma, die mich damals aus der Reha-Einrichtung für psychisch kranke Menschen heraus einstellte. Meine aktuelle, schamlos übertriebene Diagnose lautet: „Paranoide Schizophrenie". Vorher hatte ich schon andere Diagnosen bekommen wie etwa „Schizotype Störung" oder „paranoid-halluzinatorische Psychose". Es stimmt schon: Ich hatte Verfolgungswahn und Halluzinationen, auch genannt Paranoia. Insofern bin ich mit diesem Teil der Diagnose einverstanden. Die Tatsache, dass ich wieder beruflich und privat so gut zurechtkomme beweist, dass der Verfolgungswahn wieder weg ist weitestgehend. Doch mit dem anderen Teil der Diagnose, der mir Schizophrenie unterstellt, bin ich null einverstanden. Denn Menschen mit dieser Diagnose haftet das Stigma an, gemeingefährliche Bestien zu sein. Zum Glück habe ich genug Zeugen, die das Gegenteil jederzeit bestätigen können.

Das Phänomen

Wie bin ich eigentlich damit klargekommen, eine Stimme zu hören, eine Halluzination zu haben, ohne den Verstand zu verlieren? Dies war damals zunächst meine größte Sorge. Wie würde sich die Symptomatik entwickeln und wie ich mich verändern? Irgendwann hatte ich den zündenden Gedanken: Manche Menschen haben halt einen Tinnitus und ich hörte eben eine Stimme. Das ist im Endeffekt ähnlich, auch wenn die Ursachen für einen Tinnitus meistens weniger psychisch sind. Bei dem einen macht es „Piep" im Ohr, der andere hörte artikulierte Phrasen, wird aber dafür mehr marginalisiert.

Diese Vorstellung hatte mir ungemein geholfen, diese Krankheit zu bekämpfen und ganz rational damit umzugehen. Das Symptom prallte irgendwie immer an mir ab, so als ob mein Intellekt es mir verbat, irgendetwas auf die Halluzination zu geben. Mir scheint es so, als ob ich die auditive Halluzination nie ernstnahm und von ihr einfach unbeeindruckt blieb, was auch immer die Ursache dafür sein mochte. Am besten war es, nie darüber nachzudenken, um keine irrsinnigen Hypothesen darüber zu bilden, sondern es als Phänomen einfach ganz rational hinzunehmen. Bewusst nahm ich das Symptom immer hin, wie das Summen einer Fliege, wie einen Tinnitus, ohne das es Macht über meine Handlungen hatte.

Obwohl ich in der Reha wohl der Patient mit der schwersten Diagnose war, sollte ich sie als einer der wenigen erfolgreich verlassen. Ich empfand dabei keine Schadenfreude gegenüber den anderen Rehabilitanden. Sondern nur Dankbarkeit gegenüber Gott, der mich diese riesige Hürde überwinden ließ. Als Patient oder auch einfach nur arbeitsloser und frustrierter Mensch kann man so etwas gar nicht aus eigener Kraft schaffen. Man muss Gott darum bitten, jeden Tag das Richtige zu tun. Und um die Überwindung eigener Schwächen. Eigene Hobbys sind dabei ganz wichtig, besonders Sport. Ich habe bisher immer Sportarten betrieben, die man draußen ganz alleine ausübt; aber im Sommer auch schon hin und wieder eine Mannschaftssportart. Ich mache Musik. Fotografiere. Es ist wichtig, für Dinge zu leben, die einen Wert für sich alleine darstellen. Es ist wichtig, vor sich selbst Erfolg zu haben, bevor man sich den Urteilen anderer aussetzt. Aus meinen universitären Studien und aus eigener Erfahrung weiß ich, dass mangelndes Selbstbewusstsein das Hauptproblem vieler psychisch kranker Menschen ist, was wohl oft zur Aufgabe beruflicher und hobbyesquer Ziele führen mag. Man sollte jedoch mit allen Mitteln an diesen festhalten. Denn nur mit großem Selbstbewusstsein kann man sich gesellschaftliche Reflexe auf derartige Erkrankungen egal sein lassen.

Auch wenn manche Menschen es kaum wahrhaben wollen, dass es mir gesundheitlich wieder gutgeht: Zunächst hörte ich die Stimme nur noch sehr selten, vielleicht so einmal im Monat für fünf Minuten. Das Symptom trat nur noch äußerst selten auf, und wenn es mal passierte, dann war es inzwischen so leise, dass ich es kaum noch wahrnahm. Einst suchte ich einen Pastor auf, von dem es hieß, er habe schon mal einen psychisch schwer kranken Patienten geheilt. Er legte auch mir die Hand auf die Stirn und betete und sang für mich auf sehr beeindruckende Weise. Danach kam ich mir irgendwie wie befreit vor. Tatsächlich ist seitdem noch mal eine erhebliche Verbesserung eingetreten, vor allen Dingen bin ich seitdem wieder ein fröhlicher Mensch geworden, kann wieder lachen und empfinde das Lachen anderer als angenehm.

Meine heutige Ärztin, mit der ich sehr zufrieden bin, sagte einmal zu mir, es sei in der Tat ein medizinisches Wunder, dass ich im Grunde normal lebe oder so gut zurechtkomme. Das bestätigt mich in der Annahme, dass meine ganze heutige bescheidene Existenz ein Wunder Gottes ist. Einer der Gründe, warum ich immer vor einer Behandlung floh, war meine Angst, dass es mir aus genetischen Gründen verboten werden würde, eigene Kinder zu haben, wodurch mir eine Beziehung oder Ehe unvollkommen erschienen wäre. Eines Tages fasste ich mir ein Herz und fragte diese Fachärztin, die ich schon seit Längerem nach der Arbeit manchmal aufsuchte. Diese Frage hatte ich in Erwartung einer negativen Antwort jahrelang aufgeschoben. Ich erwartete ein vernichtendes Urteil. Aber stattdessen sagte sie sinngemäß, das Vererbungsrisiko sei gering (circa $p = 0,1$), wenn meine Partnerin psychisch gesund sein sollte, bräuchte ich mir eigentlich keine Sorgen zu machen deswegen.

Noch nie war ich in meinem Leben so erleichtert. Denn ich hatte schon seit Jahren keinen sehnlicheren Wunsch, als zu heiraten und dann ein eigenes Kind zu haben. Das hätte ich nicht ertragen können, wenn diese Krankheit dem im Weg gestanden hätte. Diese Frage hatte mich jahrelang gequält, nahezu täglich. Umso mehr wollte ich in diesem Moment die ganze Welt umarmen. „Herr Winter, dazu müssen Sie aber erstmal dorthin gehen, wo die Frauen sind", scherzte die Ärztin dann, und ich musste auch lachen.

Hochzeit in Äthiopien

Meine Traum-Frau hatte ich bereits Jahre vorher genau am Tief-punkt meines Lebens kennengelernt. Der Tiefpunkt war ihr egal, sie schien sich kaum darum zu kümmern, dass Gerüchte, Ver-leugnungen und Verhinderungen, ja vermutlich gar ganze psy-chiatrische Aktenberge um mich herum rankten und wucherten: Drei Monate zuvor aus dem Krankenhaus entlassen und gerade um meine berufliche Rehabilitation kämpfend, sah ich sie zum ersten Mal im Sommer 2009, als sie sich auf einer Deutsch-land-Reise befand. Dies geschah nach ihrer Graduierung an einer Universität in Addis Abeba. Unsere Väter kannten sich schon seit 20 Jahren beruflich wie auch privat, und so schaute sie erstmals bei uns vorbei. Nach ein paar Tagen musste sie weiter. Vor dem Abschied spielte ich ihr etwas am Klavier vor. Als sie dann beim Tschüs-Sagen im Flur stand, mit ihrem Rucksack und ihrer Strick-jacke, da erkannte ich erst, wie schön sie war, und es tat dann doch irgendwie weh. Aber ich verdrängte meine Emotionen so-fort, denn sie war erst fast 23 Jahre alt und ich gerade 34 ge-worden. Was sollte sie schon wollen von jemandem, der fast weg-ge-x-t wurde. Den alle abgeschrieben hatten. Der keine Chance mehr hatte. Dem sonst niemand mehr etwas zutrauen wollte.

Wir blieben vier Jahre ein bisschen aus der Ferne in Kontakt. Vier Jahre, in denen sich für mich einiges verändert hatte. Endlich am Ziel, endlich war ich als Redakteur ins Medien-Geschäft einge-stiegen. Ein eigenes Apartment zur Miete. Ein größeres Auto.

Nach vier Jahren kam sie wieder, für eine zweite Reise. Inzwi-schen hatte ich seit der Jahrtausendwende 13 Jahre lang um eine Frau gebetet, aber ich wollte sie erst nicht erkennen. Ich betete in all den Jahren immer wieder zu Gott und fragte ihn, ob ich bitte eine Frau kennenlernen könnte, die zu mir passt, der meine Erkrankung egal ist, die wunderschön und stets loyal ist. Ob es mit ihr jeden Tag so werden könnte wie am ersten. Ich hatte mir deswegen zusätzlich seit dem Millennium quasi ein Zölibat auf-gelegt, das ich konsequent 13 Jahre lang eingehalten hatte.

Ich lud sie also zu meinem Geburtstag ein, sie war verhindert, reiste dann noch mal kurz nach Norwegen zu einer Freundin. Von dort aus hatten wir ein Videotelefonat. Mein Herz klopfte, während ich auf den Monitor starrte. Anschließend schrieb sie mir eine E-Mail, ich solle mir schon mal überlegen, was ich ihr so alles von Nordhessen zeigen wolle, weil sie beabsichtigte, erneut vorbeizukommen. Da schöpfte ich zum ersten Mal seit über einem Jahrzehnt wieder Hoffnung in der Sache.

Wir sahen vieles, und irgendwann fuhren wir nach ein paar Tagen zu einem See. Es war ein warmer Nachmittag im Spätsommer. Die Blätter an den Bäumen verfärbten sich schon etwas golden. Zunächst betonte sie den platonischen Charakter unserer Freundschaft, während wir uns dem Wasser näherten, was mich erstmal ernüchtern ließ. Irgendwie fanden wir uns später am frühen Abend trotzdem bei mir zu Hause wieder. Da wurde uns klar, dass wir fortan ein Paar waren.

Der Tag des Abschieds rückte erneut näher und es war traurig. Der Abflug war am Airport Hannover, morgens um sechs Uhr. Mein Navi streikte und ich eierte mit dem Wagen nachts durch Hannover, weil ich überhaupt keine Ahnung von dieser Stadt hatte und wir am Vorabend wegen eines Besuchs in die City mussten. Oh nein, jetzt lernt sie mich zum Abschluss noch mal von meiner trotteligen Seite kennen, befürchtete ich. Den Flieger erreichte sie gerade noch rechtzeitig. Als ich aus der Flughalle zum Auto zurückging, schnürte sich mir die Kehle zu. Ich machte den Wagen an und fuhr los, immer geradeaus. Die Airport-Gebäude und deren Lichter flogen beinahe verschwommen links und rechts an mir vorbei. Auf der Autobahn überschlich mich die Leere, und ich wusste kaum, wie es in der Sache weitergehen sollte.

Am Telefon beschlossen wir, uns bald zu verloben. Aber schon bald darauf wussten wir, dass wir in einem halben Jahr heiraten würden, weil wir es nicht mehr aushielten. Wir beteten oft gemeinsam dafür, dass dieses Vorhaben auch funktionieren würde. Die Zeit verging quälend langsam, und eines schönen Tages im

April 2014 packte ich meine Koffer mit Hochzeitsanzug und -schuhen und was man sonst noch so alles für den schönsten Tag braucht, nahm die S-Bahn zum ICE-Bahnhof Kassel, um zum Flughafen Frankfurt am Main zu gelangen. Doch eine Frage quälte mich schon seit Wochen – würde die Maschine überhaupt abfliegen? Denn am Flughafen streikten viele mal wieder.

Meine Anspannung war enorm. Ich hatte monatelang alles akribisch vorbereitet: den Ablauf organisatorischer Teile des Festes, bürokratische Aspekte einer interkontinentalen Hochzeit, Impfungen (Äthiopien liegt unweit des Äquators) sowie Geschenke bis hin zu meinem Heiratsantrag.

Den Streik hatten sie schon vorher angekündigt. Und einen Tag vor dem geplanten Abflug starrte ich immer wieder auf den Fernseher, um zu sehen, wie Passagiere massenweise am Airport strandeten. Ich nahm den ICE zum Flughafen trotzdem, denn ich vertraute Gott, dass meine Hochzeit schon nicht platzen würde. Dennoch überkam mich, als ich am Fernbahnhof des Airports aus dem Hochgeschwindigkeitszug stieg, die bange Sorge, dass die Fluglinie ebenso betroffen sein könnte, zumal auch das Bodenpersonal streikte oder nur teilweise arbeitete. Ich habe prinzipiell nichts gegen faire Gehälter für alle, aber in dieser Situation kam mir der Protest einfach total ungelegen. „Tap", „Tap", „Tap", setzte ich Fuß vor Fuß, während ich den Flughafen-Bahnhof hinter mir ließ, und es mir schien, als ob meine Schritte an den Wänden widerhallten. Das war gefühlt der längste, ja quälendste Spaziergang meines Lebens. Alles war menschenleer. Keine Asiaten, Afrikaner, Europäer, Amerikaner oder Australier, da war niemand, denn offensichtlich war der ganze Flughafen-Betrieb lahmgelegt. Wie eine Geister-Stadt. Da verließ mich jede Hoffnung, dass der Flieger starten und ich zur Hochzeit gelangen würde. Endlich erreichte ich die Halle B mit den Check-In-Schaltern. Alles schien wie leergefegt. Von weitem sah ich, dass nur zwei Schalter von dutzenden geöffnet waren. Gleich vorne freuten sich in einer langen Schlange einige Chinesinnen und Chinesen sichtlich über ihre unbestreikbare Fluggesellschaft. Ganz weit hinten war der zweite Schalter noch geöffnet.

Entmutigt fragte ich am Info-Stand, ob denn der Flug nach Addis Ababa abhöbe. „Das nennen wir hier Addis Abeba, so weit ist es ja zum Glück noch nicht gekommen", belehrte mich der Mitarbeiter entrüstet und zeigte auf den ansonsten einzig geöffneten Check-In-Schalter mit einer Frauen-Pappfigur an der Wartelinie. Noch nie war ich so erleichtert in meinem Leben. Irgendwie ist es doch egal, ob ein e ein a ist oder umgekehrt, dachte ich trotzdem, während ich auf dem Weg vom Schalter zum Gate einige verzweifelt Gestrandete sah, die hier eigentlich nur umsteigen wollten. Schon immer war ich auf diese Fluglinie – Ethiopian Airlines – gut zu sprechen gewesen, und als ich am Flugsteig endlich ankam, die Maschine in der Abendsonne funkelte und das Licht sich an den Außenpanelen widerspiegelte, sodass die Boeing geradezu goldfarben glänzte und leuchtete, da wollte ich die ganze Welt umarmen. Ich war noch nie so aufgeregt in meinem Leben und berieselte mich den Nachtflug über. Dann endlich, die Erlösung: Der Pilot mahnte zum Anschnallen, das Flugzeug trat endlich den Sinkflug vor der afrikanischen Morgensonne an, die hinter den hohen Bergen hervorkam und bereits auf ihre fulminante Kraft hinwies, die Stewardessen kontrollierten, ob das Handgepäck verstaut war, und diese angespannte, gedämpfte Ruhe legte sich vor der Landung wie immer über die Passagierkabine. Dann sah man schon die Erde ganz dicht unter dem Flügel: endlich der letzte die Landung abdämpfenden Turbinen-Schub, „Tschack", das sanfte Aufsetzen des Flugzeuges auf der Landebahn, gefolgt von den ohrenbetäubenden und tieffrequent-schleifenden Bremsgeräuschen, die drückende Bremswirkung, bis nur noch das Sirren der Triebwerke übrigblieb, während die Maschine langsam Richtung Flughafen rollte – als die Boeing behäbig auf das Terminal zusteuerte, wollte ich mal wieder vor Glück sterben, denn ich hatte diesem Moment den Winter über mehr als 14,5 Millionen Sekunden entgegengefiebert. Die Tür öffnete sich, ich sog die Luft tief in mich ein, blinzelte, der Sonnenaufgang blendete. Ich blieb oben auf der Gangway stehen und genoss die Aussicht für einen kurzen Augenblick. Dass ich Äthiopien auf diese Art wiedersehen sollte, hatte ich zwar schon oft geahnt, aber das war einfach alles zu schön um wahr zu sein, dachte ich in diesem Moment. Ich stieg die Stufen herab und betrat endlich wieder das Land, das mir so gut in Erinnerung geblieben war. Ein Airport-Shuttle brachte mich zum Terminal. Während ich den Visums-Antrag stellte, war vor mir eine Art Pfadfindergruppe mit bestimmt 30 jungen Leuten, und es erschien mir wie eine Ewigkeit, bis ich an die Reihe kam. Ungeduldig ging ich durch weitere Einreise-Prozeduren und lief schlussendlich auf den Abhol-Bereich zu. Schon von weitem sah ich meine schöne Soorettii aus circa 200 Metern Entfernung in der Halle stehen. Wir liefen aufeinander zu wie in Zeitlupe, umarmten uns und so weiter. Es war endlich das Happy End nach einer ewig langen, wirren Suche und endlosem Warten.

Sowohl die standesamtliche Hochzeit als auch die kirchliche Hochzeit in Addis Abeba werde ich nie vergessen. Es war irre schön. Wie meine Schwiegerfamilie mich an ihrem Haus empfing und alle vor dem Kirchgang den Brautauszug mit einer Riesen-Feier zelebrierten, hatte mich als erstes gerührt. Meine Schwester mit ihrem Mann und ihren Kindern, mein Bruder, ein Onkel und meine Eltern waren natürlich auch mit dabei.

Während der Zeremonie nach Tradition der Oromo und bei der Feier am Haus von der Familie meiner Frau tanzten alle zu toller Live-Musik von einem bekannten Sänger, ein Prediger hielt eine Andacht. Zuvor gaben Älteste meiner Frau und mir im Wohnzimmer noch ihren Segen für den gemeinsamen Lebensweg. Die Straße vor dem Haus war mit Zelten und Dekoration geschmückt, eine von meiner Schwiegermutter engagierte Dokumentarfilmfirma nahm den ganzen Tag alles mit der Kamera auf. Meine drei Schwägerinnen und zwei Blumenmädchen begleiteten die Hochzeit als Best-Girls. Für das Mittagessen kam eigens ein Hotelkoch. Die Familie meiner Frau war komplett angereist mit bestimmt 200 Mitgliedern. Die Nachbarn waren auch da. Politische Prominenz aus Addis Abeba. Arbeitskollegen. Freunde der Familie. Man hatte mir und meiner Soorettii quasi den roten Teppich ausgerollt. Der Vater meiner Frau ist auch Pfarrer, und so war es auch eine standesgemäße Hochzeit. Während der Fahrt zur Kirche mit einem historischen, deutschen Automobil winkten uns fast alle Menschen zu: Kinder, mit Lasten beladene

Passanten, Schäfer und Hirten. Fremde, ältere Frauen yellten uns auf eine für Ostafrika typische Weise zu, die auch in Nordafrika, Israel oder etwa im arabischen Raum verbreitet ist. Alle Autos hupten und machten uns Platz. Wie in einem wunderschönen Action-Film mit sanftem Ausklang. Den Traugottesdienst hielt ein deutscher Pastor auf Oromifa und Englisch. Am Ende sang meine Frau ein eigenes äthiopisches, christliches Lied vor, ich begleitete sie an der Gitarre und spielte dann am Piano einen eigenen christlichen Jazz-Song, den mein Bruder mit Percussions begleitete. Die Kirchentür stand offen und der Wind trug die Musik in die Stadt.

Anschließend verbrachten wir alle noch den Abend zusammen bei einem Buffet im palmengesäumten Garten der evangelischen Kirchengemeinde. Da realisierte ich, dass es der liebe Herr Jesus gut mit mir meinte. Erst hatte ich endlich eine Arbeit gefunden. Dann meine Traum-Frau. Und dann diese grandiose Hochzeit mit ihr auch noch. Einige Jahre zuvor war ich in an den Punkt gelangt, wo ich dachte, schlimmer kann es kaum noch kommen, aber es ging immer wieder weiter nach unten in meinem Leben. An diesem Abend erlangte ich die Gewissheit, dass sich schon seit Längerem überraschenderweise wieder vieles zum Guten entwickelt hatte.

Ein paar Tage später fuhren Soorettii, ich, meine Eltern, meine Schwester mit ihrer Familie und mein Bruder, der auch Pfarrer ist, für ein paar Tage zu einem See, wo wir auch den Karfreitag verbrachten. Das war schon mal so ein kleiner Vorgeschmack auf die eigentlichen Flitterwochen, die meine Soorettii und ich später auf einer französischen Insel verbrachten.

In Deutschland fällt mir immer am Karfreitag auf, dass sich so eine angenehme Stille über das Land legt und das Licht in der Natur draußen irgendwie feierlicher wirkt als an anderen Tagen. An diesem Karfreitag saß ich mit Soorettii auf der Veranda vor unserer gemieteten afrikanischen Ferienlodge und blickte über den großen See auf die Berge. Dort war es genauso. Da sagte ich zu ihr, dass sich Gott am Tag der Kreuzigung Jesu Christi oft in der Natur offenbare, und dies geschehe meistens so ab 15 Uhr. So warteten wir, und tatsächlich – aus den Bergen ertönte zur Todesstunde Jesu Christi ein gewittriges Donnern, als ob ein Löwe brüllte, und es begann, ganz schwach zu regnen, als ob die Wolken ein bisschen weinten. Und ich musste wieder an Hiob aus dem Alten Testament denken (Hiob 38, Verse 34-40; Luther 2002): „Kannst du deine Stimme zu den Wolken erheben, damit dich die Menge des Wassers überströme? Kannst du die Blitze aussenden, dass sie hinfahren und sprechen zu dir: ‚Hier sind wir?' Wer gibt die Weisheit in das Verborgene? Wer gibt verständige Gedanken? Wer ist so weise, dass er die Wolken zählen könnte? Wer kann die Wasserschläuche am Himmel ausschütten, wenn der Erdboden hart wird, als sei er gegossen, und die Schollen fest aneinanderkleben? Kannst du der Löwin ihren Raub zu jagen geben und die jungen Löwen sättigen, wenn sie sich legen in ihren Höhlen und lauern in ihrem Versteck?"

In diesem Moment dankte ich Gott für mein neues Leben und dafür, dass Jesus Christus einst am Kreuz für alle Menschen – also auch für mich – starb und durch ihn für jeden einzelnen und die gesamte menschliche Spezies ein Neuanfang möglich ist. Ich realisierte, dass sich mein tiefster Herzenswunsch, nämlich wieder arbeiten zu können und eine tolle Frau für das ganze Leben zu finden, erfüllte hatte. Als ich dann mit ihr an diesem Karfreitag über den See blickte, da kam es mir so vor, als ob Gott mir zusätzlich zur Arbeitsstelle erneut etwas zurückgegeben hatte, und es war und ist mehr als je zuvor. Deswegen musste ich an Hiob denken, weil dieser auch viel mehr zurückerhielt, als er vorher hatte, nachdem er aufhörte, den Schöpfer anzuklagen.

Was meine Frau für mich nach der Hochzeit tat, das hatte noch kein Mensch auf der Welt für mich gemacht. Sie lernte meine Muttersprache. Sie ließ alles hinter sich, um zu mir nach Deutschland zu kommen. Ihre drei Schwestern. Ihre Eltern. Das Elternhaus. Ihre Freunde. Die Kirchengemeinde. Eine funktionierende, erfolgreiche pharmazeutische Karriere. Ihr ganzes früheres Leben. Sie gab alles auf, nur um mit mir fortan zusammenzuleben.

Im Mai 2015 hielten wir, organisiert durch meine Eltern, noch eine zweite Hochzeitsfeier in Deutschland in Nordhessen für unsere dort lebenden Freunde und Verwandten ab, die natürlich damals nicht alle nach Addis Abeba mitkonnten. Da hätten wir ja fast ein ganzes Flugzeug chartern müssen. Auch dieses Fest war ganz toll. Vorher hatten wir in einer Kirche einen schönen Gottesdienst mit Abendmahl. Meine Schwiegereltern sowie eine Schwägerin flogen eigens dazu nach Deutschland zu Besuch.

Ich danke Gott jeden Tag dafür, dass die Familienzusammenführung für mich und meine Frau schnell geklappt hatte und wir hier in Deutschland zusammenwohnen können. Dass ich ein gutes Stück wieder gesund bin. Dass ich arbeiten kann. Dass er meine Gebete um meine Frau erhört hatte. Dass wir ein Kind haben. Und ich danke Gott, dass meine Krankheit nicht zwangsläufig vererbbar ist, weil meine Frau gesund ist.

Interkontinental

Wenn man Jesus darum bittet, gelingt es leicht, eine normale Ehe zu führen, die Spaß macht. Viele Menschen können sich kaum noch vorstellen, dass man füreinander lebt, deswegen untrennbar aneinandergekoppelt ist, und dies bis zum Rest des Lebens genauso geplant hat – so wie es Gott will und in der Bibel steht. Es kommt ihnen wahrscheinlich absurd vor. Wer seine Jugend zu sehr genossen hat wie ich, der ist nur allzu gerne bereit, sich bis zum Ende zu binden. Bei manchen Ehemännern und Vätern ist es oft umgekehrt; sie sind schnell auf der Karriereleiter, heiraten, haben Kinder, und plötzlich stellen sie fest, dass sie in ihrer Jugend etwas vermisst haben. Die Familie geht kaputt, und die Kinder wachsen ohne zwei Elternteile auf.

So hat sich das für mich wahrscheinlich gefügt, auch wenn meine Jugend kaputt und schwierig war: Ich kann mir gar nicht mehr vorstellen, ohne meine Frau zu leben und freue mich, unser Baby groß werden zu sehen. Die Party, der Exzess, das Leben auf der Überholspur: All dies reizt mich nie mehr, denn ich hatte als junger Mann genug davon. Wenn ich das Wort „Party" höre, dann schlafe ich schon sofort vor lauter Langeweile ein und fange an zu schnarchen. Ich danke Gott oft für mein neues Leben und für meine Frau und das Baby. Dies ist im Grunde alles, was ich immer gewollt hatte, nur ich traute mich als junger Mann kaum, mir das einzugestehen. Wie heiß es doch im Buch der Sprüche 18, Vers 22 (Luther 2002): „Wer eine Ehefrau gefunden hat, der hat etwas Gutes gefunden und Wohlgefallen erlangt vom HERRN". Es dauerte nur ungefähr zwei Monate nach der Hochzeit in Äthiopien, bis ich meine Frau so einen Tag vor meinem 39. Geburtstag am Frankfurter Flughafen abholen konnte. Das ging wirklich schnell, im Gegensatz zu der Bürokratie anderer Länder. Da schloss ich Deutschland zum ersten Mal seit Langem wieder ins Herz.

In einer Ehe sollte man sich immer vergegenwärtigen, was die Partnerin oder der Partner für einen auf sich nimmt. Meine Frau nimmt eine Menge für mich auf sich, besonders auch mein eigenes Stigma. Sie sagt immer wieder zu mir, dass ich gesund bin und ist immer fassungslos, wenn sie davon hört, dass ich einen Behinderungsgrad von 40 Prozent verpasst bekommen habe. Sie ist der einzige Mensch, der mir je geglaubt hat, dass meine Krankheit mich nie schlimm beeinträchtigt hat. Und der einzige Mensch, der meine Krankheit nie dramatisiert hat, während alle anderen meine Erkrankung immer mit einer gehörigen Portion Genugtuung aufgebauscht haben. Meine Ehefrau weiß, dass ich normal bin und sagt es mir auch immer wieder. Ich könnte wieder der gesundeste Mensch dieser Welt werden, niemand würde es ansonsten anerkennen. Denn wenn man das Stigma erst einmal hat, bauschen es alle Menschen, selbst die Nächsten, genüsslich auf, egal wie große Fortschritte man macht. Nicht mit einer Krankheit muss ich bis zum Rest meines Daseins leben, sondern mit deren Übertreibung oder gar mit einer Diagnose, die wohl nur teilweise zutreffen mag. Ich hatte keinen sehnlicheren Wunsch, als in meiner Karriere weiter nach oben zu kommen, aber weil alle Menschen in mir nur einen vermeintlich Behinderten sahen, war ich mit solch einem Image unterbewertet, bis ich einen Job fand. Meine Ehefrau glaubt in Sachen Karriere an mich. Sie hat mich auch dazu gebracht, eine Fortbildung zum Online-Redakteur bei der Industrie- und Handelskammer zu absolvieren. Und sie ist ziemlich entsetzt, dass viele Menschen aus mir am liebsten einen Problemfall machen würden. Niemand sonst erkennt das ganze Ausmaß dieses Unrechts so an.

Immer weniger Menschen sind bereit, ihr Leben mit jemand anderem zu teilen. Vielleicht für den Konsum oder eine vermeintliche Freiheit. Vielleicht haben viele junge Menschen auch Angst davor, zu heiraten, weil sich so viele Menschen zu dem Thema sehr bedeckt halten oder zu vorsichtig sind. Wer Gott in dieser Sache um Rat bittet, regelmäßig für Glück in der Partnerschaft betet, der wird auch Antworten erhalten. Auch die Bibel selbst hält viele Antworten zum Thema Ehe bereit.

Die Bibel entspricht nämlich diesem Bedürfnis der menschlichen Existenz, und es ist faszinierend, danach glücklich zu leben. Aber warum bloß kommt man sich dabei so oft wie ein archaisches

Relikt aus dem Alten Testament vor? Ich empfinde das schon als angenehm, ein Anachronismus zu sein. Ich kann jedem nur raten: heiratet (und habt eventuell eigene Kinder oder adoptiert welche), und schon bald kommt man sich wieder normal vor in einer verrückten Welt.

Denn Ehe und Familie sind etwas zeit- und raumlos Meditatives, etwas Natürliches: Inmitten der sprachlich bildgewaltigen Schöpfungsgeschichte, die die universelle Macht Gottes eindrucksvoll beschreibt, erschuf Gott Frau und Mann in einer gigantischen Macht-Explosion ganz am Anfang des Alten Testamentes, was den Anfang zahlreicher, spannender Familiengeschichten in der Bibel darstellt. So erscheint die Ehe oder Liebe zwischen Frau und Mann wie ein zentrales Leitmotiv des Alten Testaments, und besonders innerhalb der Bücher Mose. Manche dieser Familiengeschichten sind weniger leicht zu nehmen und grausam – so ähnlich wie aus heutigen Zeitungen bekannte Familientragödien –, manche auch inspirierend. Ich glaube, jeder, der heiratet und seiner Frau vor Gott am Traualter ewige Treue verspricht, wird dessen Segen bekommen, solange er zu seinem Wort steht. Für mich ist die gottgewollte Ehe die Essenz des Alten Testaments. Viele der dort beschriebenen Ehen überstehen schier unglaubliche Abenteuer, so als ob Gott ganz persönlich seine Hand über sie hält, trotzen Wüsten, rauen Lebenssituationen, kriegerischen Überfällen und sogar gierigen Königen, die ihre Hand nach den Ehe-Frauen ausstrecken.

Diese epische Darstellung der Ehe im Alten Testament hat mich letztendlich dazu ermutigt, sehr spontan zu heiraten, weil sie oft als quasi Sakrament – so wie es die katholische Kirche sieht – erscheint, und weil die Männer im Alten Testament auch immer sehr prompt heirateten. Da dachte ich mir, wenn es die Bibel so vormacht, warum sollte irgendetwas dabei schiefgehen?

Die Hauptfiguren des Alten Testaments: Es sind Paare. Adam und Eva waren die ersten Menschen (1. Mose 5, Vers 2; Elberfelder Übersetzung): „Als Mann und Frau schuf er sie, und er segnete sie und gab ihnen den Namen Mensch an dem Tag, als sie geschaffen wurden." Entscheidend daran ist, dass Gott die Ehe an den Anfang der gesamten Entwicklung der menschlichen Spezies stellt, obwohl er den Menschen aus dem Garten Eden verbannte (1. Mose 3, Verse 23-24; Elberfelder Übersetzung): „Und Gott, der HERR, schickte ihn aus dem Garten Eden hinaus, den Erdboden zu bebauen, von dem er genommen war. Und er trieb den Menschen aus und ließ östlich vom Garten Eden die Cherubim sich lagern und die Flamme des zuckenden Schwertes, den Weg zum Baum des Lebens zu bewachen." Obwohl Adam und Eva etwas taten, dass Gott ihnen verboten hatte – nämlich vom Baum des Lebens zu essen und sich zu viel Wissen zu erschließen –, sind es für mich Helden. Denn Adam, so wie alle Menschen bis heute, musste fortan hart arbeiten, um mit seiner Familie zu überleben (1. Mose 3, Verse 17-19; Elberfelder Übersetzung): „(...) so sei der Erdboden verflucht um deinetwillen: Mit Mühsal sollst du davon essen alle Tage deines Lebens; und Dornen und Disteln wird er dir sprossen lassen, und du wirst das Kraut des Feldes essen! Im Schweiße deines Angesichts wirst du dein Brot essen, bis du zurückkehrst zum Erdboden, denn von ihm bist du genommen." So ist es heute noch. Auch wenn die Gesellschaften der nördlichen Hemisphäre im 21. Jahrhundert keine Agrargesellschaften mehr sind, kann man das Schicksal Adams und Evas auch auf die heutige Zeit übertragen: Um zu überleben muss man hart arbeiten. Und manche Menschen arbeiten sehr hart, und es reicht gerade so zum Überleben. So hatte Gott die ersten schaffenden und schuftenden Menschen, Adam und seine Frau Eva, die Mutter aller Lebenden, aus dem Paradies vertrieben – und trotzdem gesegnet. Und genau diese Lebensweise eines hart arbeitenden Paares in einer widrigen Umgebung ist heute immer noch aktuell.

So erscheinen Noah und seine Frau ganz ähnlich wie Adam und Eva: Mitten in der durch Gott durcheinandergewirbelten Natur, mitten in einem durch Gott überwachten und gelenkten kosmischen Chaos überlebt dieses Ehepaar in einem vergleichsweise kleinen Schiffchen eine gigantische Naturkatastrophe, weil beide Gott folgten und so seine Gunst fanden. Gleichzeitig avancierten sie dadurch zu den Architekten eines Neubeginns der menschlichen Spezies, als sie mit ihrem Schiff wieder neues Land fanden. Das war im Grunde ein total irres Abenteuer, das Noah und seine Frau im Alten Testament überstanden. Gott segnete auch diese Familie, genau wie Eva und Adam (1. Mose 9, Vers 1; Elberfelder Übersetzung): „Und Gott segnete Noah und seine Söhne und sprach zu ihnen: Seid fruchtbar, und vermehrt euch, und füllt die Erde!"

Wer weiß, vielleicht werden in einer fernen Zukunft anstelle eines Seeschiffes viele Raumschiffe in den Weltraum starten, mit der Mission, irgendwo im Universum einen Neuanfang zu machen, so ähnlich wie Noah und seine Frau? Schon heute suchen Wissenschaftler mit Sonden und Teleskopen erdähnliche Planeten und wurden bereits fündig. Folgt man dem ersten Buch Mose, so stellt man fest, dass es den Regenbogen in den Wolken als Zeichen des Bundes zwischen Gott und Noahs Familie beschreibt (1. Mose 9, Verse 14-15; Elberfelder Übersetzung): „Und es wird geschehen, wenn ich Wolken über der Erde aufwölke, und der Bogen in den Wolken erscheint, dann werde ich an meinen Bund denken, der zwischen mir und euch und jedem lebenden Wesen unter allem Fleisch besteht; und nie mehr sollen die Wasser zu einer Flut werden, alles Fleisch zu vernichten." Der Regenbogen als göttliches Zeichen einer Verbindung zwischen Gott und den Menschen, die Gottes Gebote einhalten: Für mich ist die Natur voller Wunder und Machtdemonstrationen Gottes. Wann immer ich einen Regenbogen am Himmel sehe, so wird mir bewusst, wie Gott die Menschheit neu gegründet hatte.

Und ich glaube fest daran, dass jede Ehe im 21. Jahrhundert, die Gottes zehn Gebote einhält und sich an der Lehre Jesu Christi orientiert, jedes noch so schwere Abenteuer überlebt, sei es im Konflikt mit sich selbst, mit anderen Menschen oder mit Naturgewalten. Noah fand damals in einem hilflos treibenden Schiff, das Gott quasi in seiner Hand hatte, einen neuen Lebensraum für sich und seine Frau, weil sie seinen Segen genossen. Einer ihrer Nachfahren war Abraham, den Sarah heiratete. Auch diese Ehe hatte den Segen Gottes (1. Mose 12, Verse 2-3; Elberfelder Übersetzung): „Und ich will dich zu einer großen Nation machen, und ich will dich segnen, und ich will deinen Namen groß machen, und du sollst ein Segen sein! Und ich will segnen, die dich segnen, und wer dir flucht, den werde ich verfluchen; und in dir sollen gesegnet werden alle Geschlechter der Erde!" Dies machte Abraham quasi unbesiegbar, auch weil Abraham mit seiner Familie einen Bund mit Gott einging (1. Mose 15, Vers 5; Elberfelder Übersetzung): „Und er führte ihn hinaus und sprach: Blicke doch auf zum Himmel, und zähle die Sterne, wenn du sie zählen kannst! Und er sprach zu ihm: So zahlreich wird deine Nachkommenschaft sein!"

Auch Sarah und Abraham sollten unglaubliche Abenteuer bestehen. Einmal gab es eine Hungersnot, sodass Abraham nach Ägypten musste, um dort zu leben. Weil seine Frau sehr gut aussah, behauptete er dort, dass sie Geschwister seien, weil er Angst hatte, um ihretwillen erschlagen zu werden. In der Tat warf der Pharao ein Auge auf sie und holte sie in seinen Palast. Als Dankeschön bekam Abraham jede Menge Herden und Diener. Doch Gott ließ Sarah und Abraham nie im Stich (1. Mose 12, Vers 17; Elberfelder Übersetzung): „Der HERR aber schlug den Pharao und sein Haus mit großen Plagen um Sarais willen, der Frau Abrams." So gab der Pharao die Sarah gerne wieder zurück an Abraham.

Sarah konnte zunächst keine Kinder bekommen. Dennoch bekam sie in hohen Alter einen Sohn, Isaak, genauso wie Gott es Abraham prophezeit hatte. Eines Tages schickte Abraham einen Knecht mit Kamelen los, um eine Frau für seinen Sohn Isaak zu finden. So heiratete dieser dann Rebekka. Das Interessante am Alten Testament ist, dass es Heirat und Familie als etwas völlig Selbstverständliches darstellt, während heute sich die meisten Menschen zu diesem Thema sehr bedeckt halten, oder erst nach sehr langem Überlegen, jahrelanger Partnerschaft und vorherigem Zusammenleben auf Probe irgendwann entschließen, nach Jahren endlich zu heiraten. Auch wenn viele Menschen diese tradierten, auf ewiger Treue basierenden Vorstellungen von Ehe und Familie im 21. Jahrhundert als antiquiert betrachten mögen, haben sie trotzdem unsere heutige Kultur und Gesellschaft für

immer geprägt, auch wenn sich viele Menschen das kaum einge-
stehen wollen, dass Judentum und Christentum in Europa und
anderen Gegenden des Planeten Spuren hinterlassen haben.
Heutige Vorstellungen von Ehe und Familie gehen eindeutig
darauf zurück.

Irgendwann las ich mal zufällig in der Bibel, dass Moses Ehefrau
höchstwahrscheinlich aus Äthiopien stammte. Die Elberfelder
Übersetzung bezeichnet Äthiopien immer als Land namens
Kusch. Aus dem 4. Buch Mose 12, Vers 1, geht Moses Heirat mit
einer Äthiopierin hervor. Ich fand diese Bibelstelle erst später,
nachdem meine Frau schon zu mir nach Deutschland gezogen
war. Diese Passage bestätigt mich sehr in der Annahme, dass
Gott meine Frau und mich zusammengeführt hat, auch wenn mir
klar ist, dass ich nicht Mose bin.

Ich glaube, dass Gott jede Ehe beschützt, die vor ihm geschlossen wurde und in der beide Teile ihm zusammen folgen. Das ist
wohl das Faszinierende an der Bibel, dass sie immer noch aktuell
ist. Jeder kann sich darin wiederfinden. Wer auch in anderen
Lebensbereichen nach der Heiligen Schrift lebt, dem wird Gott
immer vorausgehen. Wenn ein Mann seiner Frau treu bleibt, die
zehn Gebote und jene von Jesus einhält und seine Frau dies auch
tut, wird er den Segen Gottes in einer glücklichen Beziehung
spüren und dafür belohnt werden: vielleicht mit eigenen Kindern, einem glücklichen Familienleben, dem Vermögen, für seine
Familie arbeiten zu dürfen, oder mit vielen anderen Sachen, die
wohl individuell je verschieden sein mögen, je nachdem wie Gott
es vorsehen könnte. Und dies ist keineswegs verhandelbar. Denn
wer sich vor dem Traualter das Ja-Wort gibt und Gottes Segen
quasi abholt, soll – so will es die Bibel – bis zum Rest seines Lebens vor Gott zu diesem Wort stehen. Dies bedeutet, in Gottes
Plan für die Menschen ist ein Ende dieses Bundes und der Ehe,
wie auch etwa zwischen Noah und seiner Frau oder zwischen
Abraham und Sarah, nie vorgesehen.

Im neuen Testament steht dazu (1. Korinther 7, Vers 39; Elberfelder Übersetzung): „Eine Frau ist gebunden, solange ihr Mann

lebt; wenn aber der Mann entschlafen ist, so ist sie frei, sich zu verheiraten, an wen sie will, nur im Herrn muss es geschehen." Jesus selbst sagt im Neuen Testament zu diesem Thema (Matthäus 19, Vers 6; Elberfelder Übersetzung): „Was nun Gott zusammengefügt hat, soll der Mensch nicht scheiden." Natürlich gilt dies dann auch für Männer gleichermaßen.

So scheint es adäquat, dass Jesus, als er mal auf eine Hochzeit in Kanaan, Galiläa, eingeladen wurde, die Hochzeitsgesellschaft ordentlich feiern ließ, indem er den Leuten half, als der Wein ausging. Er verwandelte Wasser in allerfeinsten Wein (Johannes 2, Verse 9-11; Elberfelder Übersetzung): „Als aber der Speisemeister das Wasser gekostet hatte, das Wein geworden war – und er wußte nicht, woher er war, die Diener aber, die das Wasser geschöpft hatten, wußten es –, ruft der Speisemeister den Bräutigam und spricht zu ihm: Jeder Mensch setzt zuerst den guten Wein vor, und wenn sie betrunken geworden sind, dann den geringeren; du hast den guten Wein bis jetzt aufbewahrt." Jesus gab der Hochzeitsgesellschaft noch mehr Wein und schenkte den Leuten ein. Was wollte er damit ausdrücken? Auch für ihn schien der Anlass ein Grund zum Feiern gewesen zu sein. Selbst als die Gäste schon betrunken waren, gab er ihnen den besten Wein, den er selbst durch ein Wunder herstellte. Für mich ist das eine symbolische Geste, mit der Jesus betonte, wie wichtig eine Hochzeit im Leben ist. Offensichtlich schätzte er die Institution der Ehe so sehr, dass er während einer Hochzeit den Menschen bei den Festivitäten hilft.

Als profane Geste kann man dies kaum deuten, denn folgt man dem Neuen Testament, so hatte er scheinbar selbst auch Wein zum Abendmahl getrunken, oder zumindest seinen Jüngern eingeschenkt. Seine Geste zum Hochzeitsfest war ein Wunder der Wertschätzung. Jesus' großes Verständnis für Kinder passt da auch ins gleiche Schema (Markus 10, Verse 13-16; Elberfelder Übersetzung): „Und sie brachten Kinder zu ihm, damit er sie anrührte. Die Jünger aber fuhren sie an. Als aber Jesus es sah, wurde er unwillig und sprach zu ihnen: Laßt die Kinder zu mir kommen! (…). Und er nahm sie in seine Arme, legte die Hände auf sie und segnete sie." Jesus liebte und wertschätzte seine Jünger offensichtlich und sie ihn auch. Dass er sie in dieser Situation zurechtweisen musste, ist symptomatisch für diese Welt, die Kinder als Belastung wahrnimmt.

Sie werden im Grunde immer nur vermeintlich zivilisiert und kultiviert, bis sich die Erwachsenen ein Ebenbild geschaffen haben. Wer Jesus folgen will, sollte als logische Konsequenz unter anderem Ehe und Kinder also wertschätzen und Kinder so akzeptieren, wie sie sind. Ich bin mir sicher, Jesus selbst hat sich als Sohn Gottes nie solchen menschlichen Dingen wie Ehe oder Partnerschaft hingegeben. Das Wunder der Hochzeit zu Kanaan sowie seine tiefe Zuneigung für Kinder veranschaulichen einfach seine Liebe für die Menschen im Allgemeinen.

Das Wunder der Geburt

Ein großes Wunder in meinem eigenen Leben war die Geburt meiner Tochter. Meine Frau und ich hatten Gott während der Schwangerschaft immer vertraut, dass unser Töchterchen gesund ist und dafür neun Monate lang täglich mehrfach gebetet. In diesen Gebeten dankten wir Jesus immer für die anstehende Geburt und baten ihn für die Gesundheit unserer Tochter um ihrer selbst willen, und weniger aus Prestigegründen. Wir hatten während der Schwangerschaft nie irgendwelche zusätzlichen Gentests oder ähnliches gemacht, weil wir Gott vertrauten. Und so war es dann auch: Zur Welt kam ein gesundes Mädchen. Für den Tag hatte der Wetterbericht schweres Gewitter vorhergesagt, die man aber kaum merkte. So blieb die Krankenhaus-Elektronik unbeeinflusst. An diesem Tag fürchtete ich mich beinahe zum ersten Mal vor den Gewalten der Natur, hatten sie mir doch zuvor stets ein beruhigendes Gefühl und sportlichen Spaß eröffnet, solange niemandem etwas passierte.

Ich durfte meine Frau an diesem Tag im Bett in den Narkoseraum schieben, es sollte ein Kaiserschnitt werden. Irgendwie war ich dann doch etwas aufgeregt. Was soll im 21. Jahrhundert mit modernster Medizin schon passieren, das ist doch ein Routineeingriff, beruhigte ich mich selbst. Eine Krankenschwester brachte mich in die Umkleidekabine, schließlich wollte ich im OP dabei sein. Mein Blick schweifte umher. Grüne Hauben, weiße Mundschutze, blaue Kittel, mintgrüne Hosen und eine Riesenauswahl an dunkelblauen OP-Schuhen aus Plastik: Hastig zog ich mich schnell um.

Ich verließ den Umkleideraum und gelangte in den Flur vor den OP-Zimmern. Nachdem ich eine Weile gewartet hatte, rief mich jemand in den OP, wo meine Frau auf einem Tisch lag. Ich konnte ihr hinter einem Vorhang beistehen, der ihren Bauch verdeckte. Ich hielt mir das linke, den Operateuren zugewandte Ohr zu, weil die OP-Geräusche irgendwie unangenehme Assoziationen weckten. Es ging alles sehr schnell und konzentriert, aber ohne Hektik. Plötzlich hörte ich unser Baby schreien. Da stieß ich den tiefsten Seufzer aus, den man sich vorstellen kann. „Tschick", jemand schnitt die Nabelschnur durch. Meine Frau weinte, ich trocknete ihre Tränen, einen Moment später legte ihr jemand unser Töchterchen auf die Schulter. Wir beide schauten unser Baby an. Da hellte sich die Miene meiner Frau wieder auf. Mein Seufzer entstand während der Geburt, weil mir in diesem Moment bewusst wurde, was es heißt, Verantwortung zu übernehmen für ein kleines Wesen, das sich kaum eigenständig bewegen kann und völlig schutzlos dieser Welt ausgeliefert ist. Während meine Frau noch abschließend behandelt wurde, sagte sie mir, ich solle den Operationsraum verlassen und der Einladung der Krankenschwester folgen, diese zum Waschen des Kindes zu begleiten. Währenddessen weinte und schrie unser Baby, weil dies immer so ist bei Neugeborenen.

Dann gab mir die nette Krankenschwester mein Töchterchen in den Arm, und plötzlich wurde sie ganz still und schaute mich nur noch verwundert an. Dies dauerte so circa 45 Minuten, weil wir beide auf meine Ehefrau Soorettii warteten. Diesen Moment werde ich nie vergessen: Nachdem mir meine Tochter längere Zeit in die Augen blickte, winkte sie mir plötzlich zu, so als ob sie von ganz weit hergekommen wäre. Ich winkte zurück, während ich sie in einem Arm hielt. Da kniff sie zufrieden die Augen zusammen und nickte. Das ist wie ein Abkommen, dachte ich augenzwinkernd. Ich nickte auch und war wie der erste Mensch, den sie wahrnahm. Jedenfalls schien es mir so. Währenddessen redete ich zu ihr aus Langeweile, wohlwissend, dass sie mich erst später sprachlich verstehen würde.

Gleichzeitig wurde mir auch irgendwie bange, ob ich dieser Riesen-Verantwortung für mein Baby auch gerecht werden würde. Ich faste mir ein Herz und nahm die Herausforderung bewusst an und nahm mir fest vor, dass ich alles tun würde, um meine Tochter glücklich zu machen und immer zu unterstützen. Als ich in den Aufwachraum ging, wo meine Frau Soorettii wartete, strahlte sie mich überglücklich an, nahm unser Baby in den Arm und schloss die Augen. Dies waren die schönsten Momente in meinem Leben.

Ich hatte ein Familienzimmer im Krankenhaus gemietet, sodass ich anschließend zwei Nächte noch mit dabei war, meine Schwiegermutter – eigens aus Afrika angereist – löste mich dann ab, sodass ich nach Hause konnte. Meine eigenen Eltern schauten auch öfters mal vorbei.

Nach vier Tagen war es soweit. Das war ein schönes Erwachen: Ich frühstückte schnell, legte den Kinderwagen und den Baby-Sitz in mein Auto, die Sonne schien, es war angenehm warm, mein Herz hüpfte und schon war ich im 30 Kilometer entfernten Krankenhaus. Meine Mutter hatte die Mietswohnung währenddessen mit Luftballons und Lametta geschmückt. Zwei Monate vor der Geburt waren meine Frau und ich noch eigens für unsere Tochter in dieses große Apartment mit Garten umgezogen. So hatten wir ein würdiges Domizil gefunden.

Ich denke, das ist alles, was die meisten Männer eigentlich im Grunde tief in ihrem Herzen wollen: eine Frau und ein oder mehrere Kinder mit ihr haben und für sie zu arbeiten. Ich denke, dies liegt in der Natur eines jeden Mannes. Viele gestehen sich dies kaum noch ein. Für mich ist es jedoch ein wesentlicher Schlüssel zum Glück. Arbeit oder Geld sind sinnlos, wenn man anderen damit keine Freude bereitet, sondern nur für sich hat. Das ist für mich eine intrinsische Weisheit. Dies schließt Emanzipation und eine eigene Karriere für Frauen nicht aus. Wahrscheinlich geht es Frauen auch so, dass sie Karriere machen und auch eine Familie haben wollen, nur dass es für sie leider schwieriger ist.

Kinder in der Apokalypse

Doch was ist dies für eine Welt, in der Kinder hineingesetzt werden? Man kann sich sicher darüber streiten, ob die Apokalypse schon angebrochen ist, oder ob diese erst noch kommt. Wie auch immer es sei, Gott kann jedem Ehepaar helfen, für seine Kinder zu sorgen und sie richtig zu erziehen, wenn man ihn darum im Gebet bittet.

Warum sollte man sich davor fürchten, eigene Kinder in einer kaputten Welt zu haben. Jesus mag Kinder und umarmte sie, entgegen des Willens seiner Jünger. Und dies sollten Eltern auch tun, anstelle von Regeln, Sanktionen, Verboten und ewigen Vorschriften.

Wahrscheinlich gibt es keinen universellen Erziehungsstil, kein weltliches Wundermittel für ein erfolgreiches Gelingen im Umgang mit Kindern. Denn hier ist das absolute Prinzip Jesus Christus und man muss wahrscheinlich immer situativ reagieren anstatt von Menschen gemachte, erzieherische Ideale stur anzuwenden.

Kinder sind den erwachsenen Geschäftemachern und dieser Welt schutzlos ausgeliefert. Je kleiner sie sind, desto mehr Macht haben Erwachsene über sie theoretisch. Kinder werden regelrecht emotional abgekocht in und von dieser Welt. Bis sie nach jahrelanger Gehirnwäsche endlich erwachsen geworden sind: oft abgestumpft, ohne freie Gedanken, ohne Autarkie. Es ist eine alte Frage: Sind Menschen gedanklich mehr oder weniger determiniert oder sind wir eigenständige Denker?

Meiner Meinung nach ist jeder Mensch gedanklich umso freier, je mehr er das Alte und Neue Testament verinnerlicht und mit der Gegenwart vergleicht. Denn in der Heiligen Schrift liegt auch eine natürliche Wahrheit, eine Antwort auf existentielle Fragen, die ein Mensch an das Universum und seine eigene Wirklichkeit hat. In der Bibel zu lesen, kann einen sehr befreienden Effekt haben. Und einen sehr ansprechenden. Sie hat durchgängig eine tiefere, psychologische Wahrheit, die zeitlos ist, berührt, mich heilt und auch diese Welt heilen kann.

Wer die Heilige Schrift um Rat fragt, wird Antworten finden, und dies sogar, wenn man Kinder und Jugendliche erziehen will. Action-Filme für den Kopf, Familien- und Beziehungs-Dramen, epische Schlachten, das große „Melodram" um Jesus, Gedichte, Liebes-Lyrik, Weisheiten: All dies bietet das Buch der Bücher, und es ist für mich die Wahrheit. Es erklärt die immanenten Zusammenhänge unserer menschlichen Existenz auf eine mediale, spannende und auch meiner Meinung nach psychoanalytisch heilende Weise, auch wenn es zur Zeit der Niederschrift noch gar keine offizielle psychologische Wissenschaft gab. Die Heilige Schrift hat aufgeräumt in meinem Kopf, und jetzt weiß ich wieder, was ich eigentlich will und was mich dabei mit anderen Menschen verbindet.

Das Denken bestimmt nun mal das Sein, und je mehr Einfluss ein Mensch hat, umso konkreter trifft dies zu. Und was man hört, liest und sieht, beeinflusst das Denken. Will man sich damit abfinden, dass im Informationszeitalter die Seelen der Kinder und Jugendlichen kaputtgehen können? Alle Geisteswissenschaften – zu denen ich unter anderem auch das private, autodidaktische Bibel-Studium oder ein richtiges Theologie-Studium zählen würde –, die den Unterhaltungs-Medien dieser Zeit so viel Niveau und Qualität vermitteln könnten, werden heute am Epochenwandel leider nur noch abschätzig als „tote Wissenschaften" bezeichnet. Die Gesellschaft versucht sich scheinbar immer, Bestien zu schaffen, als Spiegelbild ihrer selbst, und Kinder fallen diesem Ismus besonders leicht zum Opfer. Man muss mit seinem Glauben alles, was inzwischen gesellschaftlich als traurige Normalität betrachtet wird, immer wieder auf den Prüfstand stellen, auch ganz besonders in Sachen Erziehung. Aber wer traut sich das noch?

Das Problem, dass man als Christ in dieser Welt hat, ist im Grunde, dass man mit ihr leben muss, sie aber kaum noch mit Jesus, den Zehn Geboten und anderen wichtigen Leitsätzen der Bibel übereinstimmt. Wenn man konsequent wäre, müsste man sich als Christ also dieser Welt eigentlich gänzlich verweigern. Andererseits muss man eben mit und unter manchen Menschen, die die falschen Normen machen, leben, um zu überleben und das Überleben seiner Familie mitzusichern. Und dies ist ein scheinbar unlösbares Dilemma.

Ich komme mir schon seit Längerem so vor, als ob ich diese Gesellschaft mit meinem eigenen, christlichen Wertekanon quasi unterwandere, wie ein unerwünschter Fremdkörper, während früher als Hedonist alles für mich viel einfacher war im Umgang mit anderen Menschen.

Man tut also so, als ob man mitmacht, um der Welt seinen eigenen Stempel aufzudrücken. Und dies ist für mich das Ziel einer jeden erfolgreichen Erziehung im Sinne des Herrn Jesus: Dass Kinder erkennen, in dieser Welt läuft etwas falsch, man muss sich in Acht nehmen, ohne sich abzuschotten, und man kann diese Welt vielleicht doch noch positiv mitgestalten, als große Lebens-Herausforderung. Man muss Kinder und Jugendliche also irgendwie beschützen vor der Welt, bis sie das Problem erkannt haben und selbst Macht haben: physisch und geistig.

Der Herr Jesus liebt die Kinder. Ein weiteres Beispiel dafür, wie er Kinder umarmt und gegenüber seinen Jüngern durchsetzt, bietet das Lukas-Evangelium (Lukas 9, Verse 46-48; Elberfelder Übersetzung): „Es stieg aber unter ihnen eine Überlegung auf, wer wohl der Größte unter ihnen sei. Als Jesus aber die Überlegung ihres Herzens erkannte, nahm er ein Kind und stellte es neben sich und sprach zu ihnen: Wer dieses Kind aufnehmen wird in meinem Namen, nimmt mich auf, und wer mich aufnehmen wird, nimmt den auf, der mich gesandt hat; denn wer der Kleinste ist unter euch allen, der ist groß."

Diese Passage aus dem neuen Testament bringt eindeutig zum Ausdruck, wie Kinder ein Ebenbild Gottes sind, von ihm kommen und größer sind als Erwachsene. Aber warum sagte Jesus in diesen Versen, Kinder seien die Größten und man solle sie aufnehmen? Meiner Meinung nach assoziiert die Idee des „Aufnehmens" den Vorgang des Beschützens vor einer schlechten Welt, die durch Erwachsene geprägt wird. So wie die Eltern Maria und Josef ihren Sohn Jesus, den Sohn Gottes, der durch ein Wunder Gottes im Bauch Marias entstand, vor der Welt beschützten – König Herodes wollte alle Kinder in seinem Herrschaftsbereich aus Angst vor dem Messias ermorden, was heute auch in Kriegen ähnlich passiert –, so will Gott, dass auch heute alle Eltern ihre eigenen leiblichen Kinder vor dieser Welt beschützen, damit sie die Gesellschaft später positiv verändern im Sinne des Herrn Jesus. Und damit sie nicht seelisch verdorben werden. Für mich ist das der Wille Gottes, der aus diesen Versen auf diese Art hervorgeht.

Ich bin mir sicher, alle Eltern, die ihre Kinder im Sinne des Herrn Jesus erziehen, ohne zu streng zu sein, haben damit Erfolg. Deswegen gehe ich, obwohl ich scheinbar kulturpessimistisch bin, die ganze Sache gleichzeitig gelassen an. Jedenfalls bin ich überglücklich, eine Tochter zu haben.

Wie sagte doch der Apostel Paulus in seinem Brief an die Kolosser (Kolosser 3, Verse 20-21; Elberfelder Übersetzung): „Ihr Männer, liebt eure Frauen und seid nicht bitter gegen sie! Ihr Kinder, gehorcht euren Eltern in allem! Denn dies ist wohlgefällig im Herrn. Ihr Väter, reizt eure Kinder nicht, damit sie nicht mutlos werden!" Die Bibel hält eben auf alle Fragen der menschlichen Existenz eine Antwort bereit. Auch für das Thema Familie und Erziehung. Denn Jesus Christus ist überall, in jedem Lebensbereich die Lösung.

Göttliche Komödie

Das private und vorübergehende berufliche Happy End in meinem Leben hat jedoch einen riesigen Schatten: Es sind die Diagnose und die Gesetze für psychisch Kranke, die noch wie Gift an mir kleben, obwohl es mir wieder gutgeht. Und weil die Menschen deswegen mit dem Finger auf mich zeigen. Und der Moment der Wahrheit, der darin besteht, dass unzeitgemäße Vorurteile gegen psychisch kranke Menschen an die 30er und 40er Jahre des 20. Jahrhunderts erinnern.

Einmal ging ich in eine Apotheke unweit der Stadt Kassel. Schon seit Jahren holte ich dort das mir verschriebene Psychopharmaka. Wahrscheinlich wusste dies inzwischen jeder in dem Laden. Bis auf deswegen schräge, skeptische Blicke hatten die mich aber immer ganz gut wegkommen lassen. Dieses Mal ging es nur um irgendein belangloses Medikament der harmlosen Sorte. Es war Winter und am frühen Abend. Die Dämmerung brach bereits über die verschlafene Kleinstadt herein. An circa einem halben Dutzend Kassen standen jede Menge Kunden rum, inklusive Warteschlange. Während ich das Produkt aus dem Regal zog, rief eine Mitarbeiterin schon nach mir. 13 Euro und 49 Cent. „Ich würde gerne mit Visa zahlen", erklärte ich. „Haben Sie denn kein Bargeld?", entgegnete sie. Vielleicht mochte sie nur vor den Augen meiner Soorettii meine Integrität und Bonität untergraben. Oder vielleicht sogar auch vor den anderen Leuten im Laden. Wie auch immer: Vor meiner Frau wollte ich mir das auf keinen Fall bieten lassen. „Kann man denn prinzipiell mit der Kreditkarte Visa zahlen?", zischelte ich die Apothekerin beinahe an. „Ja haben Sie denn keine andere?" „Klar, American Express." „Haben Sie denn kein Bargeld?" „Doch, aber ich will mit Karte zahlen." „Also gut, Visa geht auch." Ich schob die Karte über den Tisch, die Apotheken-Tante steckte sie in den Schlitz des Lesegerätes und wischte anschließend den zu unterschreibenden Beleg über die Theke zu mir zurück. Nach meinem Autogramm mimte sie dann die Unterschriften-Authentifizierungs-Expertin. „Das sieht ja anders aus, als auf der Karte", motzte sie schon wieder. Zum Glück fiel mir in diesem Moment mein Presseausweis 2019 aus der Hand auf die Theke, nachdem ich zuvor alle Karten aus dem Portemonnaie rausgewühlt hatte, denn ich zitterte vor Wut. „Hier, mein Ausweis", erwiderte ich, inzwischen ebenfalls höhnisch. Dies rettete mich. Ihr Blick wanderte über die Daten auf dem Presseausweis. Ihre Augen wurden immer größer. Und der zynisch-triumphierende Gesichtsausdruck, mit dem sie mich während unserer vorherigen Konversation mit spöttisch zuckendem Mundwinkel lächerlich zu machen versuchte, war jetzt auf der anderen Seite des Lesegerätes, nämlich bei mir. So begriff die Alte endlich, dass ich nicht der Beschränkte war, für den mich alle in der Apotheke offensichtlich hielten. Draußen auf der Straße platzte mir um die Ecke der Kragen verbal: „So war Hitler möglich", abstrahierte ich den Vorfall psycho-soziologisch und lautstark. „Ist ja klar, dass ein vermeintlich ‚Verrückter' in den Augen von anderen keine Kreditkarte haben darf und angeblich keinem Beruf nachgeht." „Es sitzt einfach zu tief in diesem Scheiß-Land." Meiner Frau war es eventuell sogar peinlich. „Diese verdammte Diagnose ist ein gesellschaftliches Todesurteil für mich", schimpfte ich weiter. Im Auto kriegte ich mich wieder ein wenig ein.

Ein paar Tage später, es war immer noch Januar und die Freiwillige Jugend-Feuerwehr sammelte die Weihnachtsbäume in unserer Straße ein, spielte sich ein ähnlicher Reflex gegenüber mir ab. Am Vorabend war noch alles witzig: Ich schmiss traditionell den Weihnachtsbaum vom Balkon auf die Garagenauffahrt herab, nachdem ich die Christbaumkugeln und den ganzen Schmuck wieder im Keller verstaut hatte. Beim Aufprall gab es ein klirrendes Geräusch: Wir hatten eine Kugel übersehen, und Soorettii und ich lachten uns tot. Am nächsten Morgen beim Frühstück klingelte es an der Tür, ich flitzte die Treppe herab, um zu öffnen, doch das Feuerwehr-Mädchen lief schon durch den Vorgarten zur Straße zurück. Ich klopfte von innen an die Tür, sie drehte sich mit ihrer Spendensammeldose um, und als ich die Tür öffnete, um etwas Geld zu geben, schlugen mir die Worte schon von Weitem von jemandem aus dem Hintergrund entgegen: „Geh' auf keinen Fall rein", warnte er das Mädchen, als ob dort ein gefährliches Monster lauerte. Hätte ich keine Tochter,

118

wäre ich wahrscheinlich spätestens in diesem Moment zusätzlich noch depressiv geworden. „Ich habe nur zwei Euro." „Das macht nichts, wir können jeden Cent gebrauchen." Zum Glück war das Feuerwehr-Mädchen dann trotzdem nett.

In solchen Momenten bedauere ich die Diagnose jedes Mal. Sie ist übertrieben, überzogen, nur halb zutreffend. Solche Momente habe ich schon viele erlebt. Diese Momente sind symptomatisch für die ganze Gesellschaft, die noch weniger Ahnung von Psychologie hat als manche Psychiater, die ebenfalls Teil des Problems sind. Ich weiß nicht mehr, wie oft mir einst Selbsthilfegruppen, Treffen für psychisch Kranke und andere vermeintliche Hilfen angedroht wurden, weil alle in einem diagnostizierten Menschen einfach nur mit allen Mitteln einen schwachen, bemitleidenswerten Sozialfall sehen wollen, den man auf seine Diagnose reduziert hat. Es mag stimmen, dass Psychiater gemäß hypokratischem Eid den Menschen helfen wollen, was ehrenhaft sein mag: Dennoch steht bei mir eine vernichtende Diagnose am Anfang der kausalen Problemkette, die dann dazu führt, dass sogar jemand hinter der Haustür eine Bestie vermutet. „Sei nicht so nett zu ihm, sonst kommt der jeden Sonntag", hallte es mir mal beim Verlassen einer örtlichen Bäckerei hinterher.

Ich bin Vater, Ehemann, Jogger, Funsport-Anhänger, Pianist, Gitarrist, Komponist, Sänger, Fotograf, Autor, hauptberuflicher Medienmensch, Magister Artium und Christ. Und ich habe meine eigene „Pizza carné de prensa" erfunden: Aber mit meiner Diagnose identifiziere ich mich null. „Du bist nicht lebensfähig", sagte mal jemand zu mir. Wie sehr hatte er damit den typischen gesamtgesellschaftlichen Reflex auf mich verbal getroffen: Die Rolle, zu der mich die Diagnose verdammt hat, weil es das faschistische Wunschdenken der Masse ist, dass Bürger mit solchen Diagnosen erstens angeblich schlechte Menschen zu sein haben und zweitens zu nichts mehr zu gebrauchen wären in beruflichen Hinsichten: In dementsprechende Rollen wird man dann vom Kollektiv mit aller Gewalt gepresst. Falls es so etwas wie ein kollektives Gedächtnis geben sollte, könnte es vielleicht auch ein kollektives Unterbewusstsein geben, das Menschen mit bestimmten Diagnosen eben zum Buhmann macht. Das kollektive Unterbewusstsein der Menschheit konditioniert, versucht zu prädestinieren, es verleugnet und redet Übel nach: ein Straftatbestand in weltlichen Hinsichten und ein Verstoß gegen die zehn Gebote in biblischen Hinsichten. Am liebsten würde ich meine Verleugner mit Gerichtsprozessen überziehen.

Egal, wie sachlich man argumentiert und wie sehr man Recht haben mag, man ist immer der Prügelknabe: für das Gesundheitssystem – viele sehen einen nur noch als aggressiven Risikofaktor, den es gilt, einzuschläfern und mit Nebenwirkungen von Medikamenten kleinzumachen –, für die Politik, für den kleinen Mann, der den in psychiatrischen Gesetzen teils widergespiegelten gehässigen Vorurteilen nur allzu gerne nacheifert, oder für sonst wen. Das nenne ich sadistisch: Als psychiatrisch diagnostizierter Mensch ist man nur der schluckende Mund am Ende der produktionstechnischen und logistischen Lieferketten der Pharmaindustrie, die auf Kosten der körperlichen Gesundheit psychiatrischer Patienten ihre eigenen Arbeitsplätze sowie ihren Umsatz zu sichern scheint. Man kann nur vermuten, dass es möglicherweise gerade deswegen repressive Gesetze gibt, die Zwangsmedikationen legalisieren. Ich habe bisher drei verschiedene Präparate ausprobieren müssen. Mögliche physische Nebenwirkungen: grüner Star, Organversagen bis hin zum Tod, Herzstillstand und vieles mehr.

Vielleicht sollte man die Gesetze für psychisch kranke Menschen mal derart verbessern, dass friedliche Menschen diese Chemie-Bomben-Medikamente nicht mehr zwangsweise eingetrichtert bekämen. Sinnvoll wäre, wenn dies nur verurteilten Straftätern mit Diagnose zuteilwerden würde, anstatt durch diese Nebenwirkungen die körperliche Gesundheit von arbeitenden, intelligenten und gebrauchten Familienvätern zu gefährden. Ideengeschichtlich weckt dies alles in mir üble historische Assoziationen an längst vergangene Zeiten.

In der Kirche schlagen mir diskriminierende Reflexe wegen meiner Diagnose am wenigsten entgegen. Schon bevor ich heiratete, ging ich eine Weile zu einem nur gelegentlich stattfindenden Gottesdienst mit Besuchern von fast allen Kontinenten. Dort war ich zunächst immer nur passiver Zuhörer der Musik, die mich in den Bann gezogen hatte. Irgendwann faste ich mir ein Herz und spielte denen mal einen eigenen Song am Piano vor. Ein anderes Mal begleitete ich meine Frau beim Singen an der Gitarre. Das kam scheinbar alles ganz gut an. Es war das erste Mal seit rund 20 Jahren, dass ich mich wieder traute, mit der Musik öffentlich aufzutreten, nachdem ich vorher bei Familienfesten im kleinen Kreis das Auftreten etwas geübt hatte. Da fiel mir auf, dass es endlos lange gedauert hatte, bis aus einem Wrack wieder ein aufrechter Mensch wurde, der sich auch mal auf die Bühne stellen kann, um sich ein bisschen einzubringen. Im kirchlichen Rahmen spielte ich auch schon manchmal Fußball. Auch dort war ich nicht der Behinderte. So würde ich mir das auf dem Arbeitsmarkt auch wünschen.

Obwohl sowohl das Symptom als auch die zugehörige übertriebene Diagnose mit dem Medikament unendliches Leid über mich gebracht hatten – besonders imagemäßig –, bin ich dem Herrn Jesus für meine Erkrankung und den auf dem Arbeitsmarkt erlebten, über mich niedergehenden Terror dankbar. Denn dadurch kam ich eines Tages auf die Idee, eine investigative journalistische Recherche zu veröffentlichen, wie Firmen auch andere Menschen mit Handicap auf dem Arbeitsmarkt systematisch diskriminieren; ohne meine eigene Behinderung wäre ich niemals auf die Idee gekommen, darauf aufmerksam zu machen. Somit sehe ich die Erkrankung und meinen beruflichen Weg durch ein finsteres Tal als Ehre, die mir Gott zuteilwerden lässt, auch um anderen Betroffenen zu helfen und – wenn es sich anbietet – den Menschen klarzumachen, dass die von Deutschland im Jahr 2007 unterzeichnete, längst gültige Behindertenrechtskonvention der Vereinten Nationen (UN) kaum richtig eingehalten wird: Ein geltendes Abkommen setzt die deutsche Politik auf Bundes- und Landesebene allenfalls notdürftig um.

Die UN-Behindertenrechtskonvention verbietet zum Beispiel die Zwangsmedikation, den Freiheitsentzug und die „Folter" (die UN meinen damit etwa die Zwangsfixierung) psychisch kranker Menschen, sofern sie keine Verbrechen begangen haben – dies alles ist in vielen Bundesländern noch gängige Praxis, die geltende Gesetze legitimieren. Die Menschen, die diese rechtlichen Bestimmungen in Deutschland ins Leben riefen, haben wahrscheinlich überhaupt keine Ahnung, was sie damit für ein Leid über ihre diagnostizierten Mitbürger bringen und werden in dem Glauben gelassen, Hilfe zu leisten. Diesen in Wirklichkeit recht grausamen juristischen Rahmen hat die UN-Behindertenrechtskonvention eigentlich längst aufgehoben.

Ich komme mir manchmal vor wie in Dante Alighieris „Göttlicher Komödie". In diesem mittelalterlichen Stück italienischer Literatur verirrt sich der Held Dante in einem finsteren Tal. Abgedrängt von Raubtieren findet er sich plötzlich in der Hölle wieder. Dante steigt in dieser Commedia immer weiter nach oben, während er historische Figuren leiden sieht. Schließlich führt ihn die Handlung über eine Art Zwischenstadium in das Paradies, wo er Gott sehr nahekommt.

Gott hat auch mich schon oft im letzten Moment gerettet, so ausweglos die Situation auch war. Somit habe ich überhaupt keine Angst, das finstere Tal namens Deutschland, das mir eine arrogante Herren-Spezies besonders auf dem Arbeitsmarkt bereitet, weiterhin zu durchschreiten. In meiner friedlichen Auseinandersetzung mit den Menschen gibt mir Gott sicher Recht.

Jesus Christus: die ultimative Erfahrung

Was auch immer Menschen schon vergötterten, es führte sie in die Irre. Denn es gibt keinen Erfolg, außer durch Jesus Christus. Ich selbst hatte in meinem eigenen Leben einst den Spaß und damit verbunden irgendwelche Dinge zum totalen Ding erklärt. Dinge, die aus christlicher Sicht nicht verboten sind, aber die ich vergötterte. Manches davon betreibe ich heute noch, aber es ist jetzt für Jesus Christus, wie etwa meine Musik, oder ich mache immer noch ein bisschen Sport, aber ich richte mein Leben weniger total danach aus, sondern sehe die Sache normal, und es ist keine Religion mehr für mich.

Ich denke, Jesus begrüßt es, wenn man Spaß hat in seinem Leben, aber man sollte keine anderen Sachen und niemanden sonst anbeten. Es führt in die selbstgewählte Dunkelheit, weil ein solches Leben oft an der Realität vorbeiführt, bis sich die Probleme endlos anhäufen. Dies mag vielen Menschen in ihrem Leben auf eigene Weise ähnlich widerfahren, wenn auch hoffentlich auf weniger drastische Art als bei mir. Es kann auch der Masse von Menschen kollektiv passieren, wenn sie gemeinsam an etwas falsches Glauben; der kollektive Glaube an Jesus Christus selbst kann mit etwas Falschem verbunden oder aufgeladen werden. Heute weiß ich, je mehr man Jesus für sich selbst folgt, ohne immer nur zu schauen, wie andere Menschen ihn interpretieren, was andere Menschen über ihn sagen, umso mehr dringt man zu ihm durch. Man kann direkt alleine zu Gott, Jesus und dem Heiligen Geist hingehen (Jeremia 29, Verse 13-14; Elberfelder Übersetzung): Durch Musik, im Gebet, im Selbst-Studium der Heiligen Schrift oder auch zusammen mit anderen Menschen. Und je öfter man dies tut, umso mehr überkommt einen der im Gehirn spürbare Friede Gottes. „Und sucht ihr mich, so werdet ihr mich finden, ja, fragt ihr mit eurem ganzen Herzen nach mir, so werde ich mich von euch finden lassen, spricht der Herr."

Es gibt zahlreiche Beispiele, wie Menschen im Großen und Ganzen den Herrn instrumentalisierten, zur Sicherung eigener politischer Machtansprüche missbrauchten oder einfach nur fälschlicherweise in seinem Namen gar brutale Gewalt ausübten: die frühneuzeitlichen Religionskriege zwischen Protestanten und Katholiken, die scheinbar abgeebbten Religions-Konflikte auf der irischen Insel, Hexenprozesse gegen Frauen im Mittelalter, die grausame Eroberung Südamerikas unter dem Kreuz, die repressive Unterdrückung indianischer Kulturen in Nordamerika, die Herausbildung autoritärer Sekten in der Gegenwart – die brutale Liste ließe sich sowohl bei Protestanten als auch Katholiken beliebig fortschreiben. All dies war und ist schlechte Werbung für die Kirche und den Herrn.

Es war nie der Fehler Gottes, dass Menschen seinen Namen dazu missbrauchten, andere Menschen zu unterdrücken und zu ermorden: Ein Indianer in Nordamerika würde wahrscheinlich die Krise bekommen, konfrontierte man ihn heute mit einer Bibel und dem Protestantismus, viele Indios in Südamerika sind wohl auf den Katholizismus weniger gut zu sprechen. Man muss das Christentum von derartigem historischen Ballast und seinem ideologischen Missbrauch befreien. Man sollte immer unterscheiden zwischen dem eigentlichen Anliegen Jesu Christi und dem, was Menschen im Laufe von Jahrtausenden mit dem Christentum alles Falsches angerichtet haben. Erst dann kann man wieder Massen dafür gewinnen.

Jesus und psychische Unterdrückung oder physische Gewalt: Dies ist ein Widerspruch. Denn seine Lehre im Neuen Testament ist eine Absage an Repressionen. Stets stand er auf der Seite der Armen, Schwachen und Unterdrückten. Jesus war auf der Seite der zivilen Opfer des 30-jährigen Krieges in Europa, den die Kriegsparteien auch im Streit um die Glaubensrichtungen führten. Er hat sicherlich zu den Indios Süd-Amerikas gehalten, die aus materieller Gier von vermeintlichen Christen abgeschlachtet wurden. Und er will nicht, dass Christen sich darüber streiten, wer denn nun Recht habe, wenn es darum geht, eine offizielle Glaubensrichtung aufzustellen. Ein Beispiel dafür sind die zahlreichen protestantischen Ausrichtungen und Sekten, die den Glauben noch heute zersplittern. Hingegen ist der Katholizismus einheitlicher aufgestellt.

All dies beweist mir: Ich brauche mich auch im 21. Jahrhundert keiner gesamtgesellschaftlichen Dynamik zu unterwerfen, um einen eigenen Draht zum Herrn Jesus Christus aufzubauen. In der Bibel steht, der Weg zu Jesus Christus führe über die Gemeinde und die christliche Gemeinschaft. Das stimmt auch. Aber welche Gemeinde hat denn nun Recht? Es ist für mich kein Widerspruch, den Glauben auch für mich alleine auszuüben, mir meine eigenen Gedanken dazu zu machen, zuhause meinen eigenen Altar zu haben. Und ich gehe auch manchmal gerne in die Kirche. Wenn man autodidaktisch veranlagt ist, bereitet es jedoch meistens große Freude, Dinge, die einem am Herzen liegen, alleine zu entdecken, weil aus so einem Menschentypen nun mal kein unterwürfig-begeisterter Teil einer Masse werden kann. Ich mag es, Dinge alleine für mich alleine auszuüben. So ist es auch mit dem Glauben.

Jesus Christus ist nicht repressiv oder ignorant. Wer an Jesus glaubt und ihn annimmt, den wird er nie ignorieren, verleugnen oder unterdrücken. Die Bibel prophezeit, dass er mit einem himmlischen Heer zurückkommt und alle, die an ihn glauben, vor der Apokalypse retten wird. Dann wird er auch die Menschen richten, steht in der Heiligen Schrift. Umso unverständlicher erscheint es, dass ganze weltliche Heere, besonders in Europa, sich im Laufe der Menschheitsgeschichte quasi seinen Namen selbst auf die Banner schrieben, um ihresgleichen zu richten. Und wenn er wiederkommt, wird es ihm herzlich egal sein, ob Menschen mit gesellschaftlichen Widerständen kämpften, im Kleinen oder Großen verleugnet wurden, solange sie an ihn geglaubt haben: Menschen, denen enormes Unrecht widerfuhr, oder nur Menschen wie ich, die ihre oft fremdbereiteten Probleme mit der Hilfe des Herrn noch relativ gut im Griff haben. Jesus rettet jeden, der ihn liebt, vor dem Untergang dieser Welt, so will es die Offenbarung des Johannes. Und wie heißt es doch in der Apostelgeschichte 5, Vers 29 (Elberfelder Übersetzung): „Man muss Gott mehr gehorchen als den Menschen." Das ist meiner Meinung besonders dann geboten, wenn Menschen kollektiv Unrecht tun, wozu es zahlreiche historische Beispiele gibt, in der Vergangenheit und Gegenwart.

Seitdem Jesus Christus wieder in meinem eigenen Leben ist, klappt alles wieder viel besser. Man kann seinem eigenen Leben jedoch keine plötzliche positive Wende geben und dies von Jesus sofort einfordern. Es ist schwieriger, zumindest bei mir selbst war es schwieriger. Es ist ein langer Prozess, indem man erst lernt, die eigenen Fehler zu verlernen. Wichtig ist dabei ein regelmäßiges Gebet, indem man für die kleinen Dinge dankt, so etwa für Essen, Wasser, Kleidung oder anderes, je nach dem, was man noch hat. Ich bete immer mindestens dreimal am Tag vor dem Essen, oft auf noch zusätzlich. Als ich damals wieder anfing, zunächst nur manchmal zu beten, hatte ich nur noch eine Matratze, eine kleine Schreibtischplatte und ein Snowboard, so ähnlich wie ein Gestrandeter, und dachte, irgendetwas muss jetzt passieren. So kam ich auf die Idee, mir ein paar Möbel zu kaufen und diese nach und nach mit dem Stadtbus vom Einkaufspark zu dem Haus zu transportieren, in dem ich mein kleines Zimmer hatte. Dies war der Anfang eines Weges: Der Versuch, Ordnung zu schaffen. Wer dankbar ist, der darf auch bitten, und je mehr man betet und dankt, umso mehr gewinnt Jesus Christus die Kontrolle über das eigene Leben und lässt einen selbst Handeln. Und es ist auch wichtig, Jesus nach den richtigen Handlungsweisen zu fragen. Je mehr Jesus in das eigene Leben kommt, umso sicherer fühlt man sich und gewinnt wieder die Oberhand über Dinge, die aus dem Ruder gelaufen sind. Kontrolle über die Karriere oder Arbeit, die Wohnungssituation, das Thema Partnerschaft und das ganze Leben. Oder auch über lang gehegte Ziele und Träume: Seitdem ich wieder christliche Musik mache, habe ich mich stilistisch und auch technisch immer mehr einem Niveau angenähert, das ich mir als Kind und Jugendlicher schon immer erträumt hatte, mir jedoch unerreichbar erschien. Ich dachte immer, das werde ich niemals schaffen, und jetzt passiert es einfach beim Spielen, auch wenn ich nur selten öffentlich auftrete und meistens alleine zu Hause spiele. Ein riesengroßer Wunsch hat sich dadurch für mich erfüllt, meiner Meinung nach als Geschenk Gottes.

Es ist eine der hauptsächlichen Merkmale des Christentums, dass Jesus jedem Menschen alle Sünden vergeben kann, als Ergebnis seiner Kreuzigung. Jesus Christus gibt jedem Menschen eine neue, zweite Chance, in jeder individuellen Lebenssituation. Und er vollbringt meiner Meinung nach auch in der Gegenwart Wunder. In meinem Leben hat er schon viele Wunder vollbracht, und ich lese und sehe in Büchern und im Fernsehen, dass er dies auch bei anderen Menschen tut. Bei mir war es ein Wunder, dass ich mich in den Arbeitsmarkt wieder integrieren konnte, nachdem ich zuerst gegen meinen Willen unverschuldet jahrelang arbeitslos war und als trauriger Höhepunkt auch noch eine total unmögliche Diagnose erhielt. Eine Diagnose, die mich so ziemlich für verrückt und total durchgeknallt erklärte. Eine Diagnose, mit der einen kein Mensch auf dieser Welt noch einstellen würde. Eine Diagnose, mit der man auch eigentlich gar keine Frau mehr finden kann. Eine Diagnose, die mir inzwischen egal ist.

Der liebe Herr Jesus Christus hat eine Festung für mich eingerissen, so mächtig ist er, denn ich fand tatsächlich einen Job und bewährte mich. Er kann jede Festung niederreißen, wenn man ihn darum bittet und Geduld hat. Bei mir war es Rettung im letzten Moment. Obwohl ich das endgültige Aus in meiner Karriere schon vor Augen hatte, blieb ich geduldig und vertraute ihm. Jesus Christus hat die zum Teil verlogenste Festung, nämlich die Gesellschaft, für mich in meiner ganz eigenen Situation besiegt. Eine Gesellschaft, die mir keine Chance gab, weil ich eine kaputte Jugend hatte, und sich kleine Fehler quantitativ anhäuften. Eine Gesellschaft, die meinen positiven Lebenswandel und akademische Erfolge nie so richtig anerkannte. Eine Gesellschaft, in der es manchmal gerade Heuchler, Lügner und richtige Verbrecher ganz nach oben schaffen. Ich denke, an mir wurde auch beinahe ein Verbrechen begangen, indem man meine Intelligenz infrage stellte und mich fast vom Arbeitsmarkt weg-x-te.

Das ist für mich eines der unerklärlichen Wunder in meinem Leben: Jesus ist so mächtig, dass er es schaffen kann, einen Menschen wie mich aus so einer aussichtslosen Situation zu befreien, in der ich eigentlich mit dem Rücken zur Wand stand. Ein halluzinierendes, verlorenes und relativ tief gesunkenes Wrack, in dem alle sehr gerne einfach nur noch einen Schwächeren gefunden zu haben glaubten, einen Menschen der, als er am Boden lag, getreten wurde: Das ist Gesellschaft, das ist der Arbeitsmarkt, das ist zur Normalität gewordener Sadismus.

Wer Jesus Christus als Totalität in seinem Leben anerkennt und ihn anbetet, der mag sich wieder erheben und sein Leben weiterleben, so wie ich. Für mich war das eine seiner Machtdemonstrationen. Er würde dies sicherlich für jeden Menschen tun, der ihn ernsthaft anbetet und darum bittet. Darüber bin ich mir ganz sicher. In welcher Lebenssituation Sie auch immer stecken mögen, wie aussichtslos Ihr individueller Lebenskampf sein sollte, egal wie sehr man Sie verzweifeln lässt: Jesus Christus kann Sie daraus befreien, wenn Sie ihn lieben und innerlich von ganzem Herzen folgen. Und wenn Sie aufhören, andere Dinge anzubeten und ihm dankbar sind, dann werden Sie auch in der Lage sein, anderen Menschen zu verzeihen und den Tag wieder positiv anzugehen. Denn nur dies versetzt Sie in die Lage, andere von sich selbst wieder zu überzeugen. Und dies ist die Voraussetzung für das Erreichen von Lebenszielen, falls andere Menschen Macht über Sie haben sollten. Mithilfe des Herrn Jesus Christus können Sie auch wieder weniger abhängig von Menschen sein, wie meine eigene Geschichte zeigt.

Dass sich Menschen vergeben, fordert das Neue Testament. Was sollen mir denn bloß die vermeintlichen Saubermänner dieser Gesellschaft irgendwann gütig und freundlicherweise vergeben, dachte ich früher oft ironisch, während ich darauf wartete, dass sich jemand endlich erbarmte und mich einstellte. Die Erbarmung kam zwar nicht von oben herab und sie war überraschend, aber aus meiner gesamtgesellschaftlichen Erfahrung geschah es nach einer schier endlos langen Zeit.

Man nennt es auch soziale Intelligenz: Viele Menschen dürfen insgeheim sich alles Mögliche erlauben, aber die Öffentlichkeit soll davon bloß nichts mitbekommen. Wer so die Farce aufrechterhält, wird es weit bringen. Die ehrlichen Menschen bleiben dabei eben auf der Strecke liegen, weil sie nur eine wahre Identität haben, durch die sie sich selbst mit ihrer Umwelt bestmöglich als

Kompromiss und nach bestem Gewissen offen und ehrlich in Einklang bringen, während die Erfolgreichen meistens zwei Identitäten haben: eine falsche öffentliche, mit der sie sich selbst als unfehlbare Vorbilder seriös darstellen, und eine heimliche, verborgene Seite, hinter der sich ganz schwere Abgründe verbergen, oft auch im strafrechtlichen Sinne, und kein Mensch wird es je erfahren. Dies wird scheinbar eher toleriert als Ehrlichkeit. Aber dies ist nicht im Sinne des Herrn. Wer Jesus folgt und in der Bibel liest, wird zwangsläufig zu einem unbequemen, kritischen Geist. Dadurch macht man sich auch unbeliebt, wenn man dazu steht. Ich denke, wenn man nach unendlichem, materiellem Reichtum und gesellschaftlichem Zuspruch sucht und jedermanns Freund sein möchte, so fällt es einem schwer, den Herrn Jesus anzunehmen. Denn es passiert relativ oft, dass man dafür von anderen Menschen viel Spott, Missgunst oder gar Hass erntet. So sprach Jesus einst zu seinen Jüngern (Johannes 15, Verse 18-19; Elberfelder Übersetzung): „Wenn die Welt euch haßt, so wißt, daß sie mich vor euch gehaßt hat. Wenn ihr von der Welt wäret, würde die Welt das ihre lieben; weil ihr aber nicht von der Welt seid, sondern ich euch aus der Welt erwählt habe, darum haßt euch die Welt."

Wozu also Jesus folgen? Das Versprechen der Bibel ist, dass Menschen, die dies tun, vor der Apokalypse gerettet werden und nach dem Tod im Jenseits weiterleben dürfen. So steht es auch im Matthäus-Evangelium, Kapitel 10, Vers 22 (Elberfelder Übersetzung): „Und ihr werdet von allen gehaßt werden um meines Namens willen. Wer aber ausharrt bis ans Ende, der wird errettet werden." So versprach Jesus seinen Jüngern ihre Rettung am noch ausstehenden Tag des Jüngsten Gerichts.

Vielleicht trifft dies auch auf heutige Zeitgenossen zu, die Jesus ernsthaft folgen. Er ist die immaterielle Lösung, die sich jeder nur wünschen kann. Ich habe immer das Gefühl, dass er in meinem Wohnzimmer wohnt, oder Musikinstrumente beseelen kann, dass er mir die richtigen Gedanken gibt und mich oft intuitiv richtig handeln lässt. Meine eigene Geschichte zeigt, wie ich durch Gebete und Bitten schon vieles gelöst bekommen habe –

dies alles ist mir mehr Wert, als alles andere: mein (wiederher-
gestelltes) Vermögen, überhaupt noch arbeiten zu können, meine Frau, meine Tochter, meine Hobbys. All dies habe ich dem
Herrn Jesus zu verdanken. Wer betet, wird Antworten erhalten –
dies ist ein Versprechen durch Jesus Christus im Neuen Testament: „Wenn ihr in mir bleibt und meine Worte in euch bleiben,
so werdet ihr bitten, was ihr wollt, und es wird euch geschehen
(Johannes 15, Vers 7; Elberfelder Übersetzung).“

Diese Erfahrung habe ich mit Geduld in meinem eigenen Leben
nur allzu oft schon gemacht. Ich hatte mich zunächst immer ge-
fragt, warum mir ständig Steine in den Weg geworfen wurden,
bis Jesus sie weggeschnippt hatte. Ich habe heute den Eindruck,
also ob eine irgendwie unsichtbare Macht immer auf mich auf-
gepasst hatte, mir den Weg bahnte und in den schwierigsten Situationen vor mir herzog. Dies ist der Grund, warum ich meinen
Glauben niemals aufgeben werde. Und ich bin mir absolut sicher,
so individuell meine eigene Geschichte auch sein mag, Jesus
Christus würde das, was er in meinem Leben bewirkt, für jeden
Menschen so machen, je nach eigener Problematik. Lassen Sie
sich doch gerne von dieser Welt verspotten oder hassen, es wird
Ihnen genauso wie mir eine Ehre sein, denn der Mehrwert für Ihr
eigenes Leben wird umso größer sein. Für mein Abitur betete
ich, ebenso wie für den Universitätsabschluss. Für meine Integra-
tion in den Arbeitsmarkt betete ich als Hochschulabsolvent mit
inzwischen psychischen Problemen fünfeinhalb Jahre. Für meine
Ehefrau betete ich dreizehn Jahre. Für meine Tochter ein Jahr.
Dies zeigt, die großen Ziele in einem Leben lassen sich manchmal
kaum eilig herbeibeten, sondern man muss auch viel Geduld
mitbringen. Ich bitte den Herrn seit zehn Jahren darum, von
meiner psychischen Krankheit vollständig erlöst zu werden. Bisher hat er mir große gesundheitliche Fortschritte ermöglicht.
Subjektiv gefühlt bin ich so ziemlich geheilt, wofür ich Gott öfters
danke. Selbst wenn die vollständige Heilung ausbleiben sollte,
würde ich kaum enttäuscht sein. Denn ich nehme meine Krankheit kaum noch wahr. Manchmal sehe ich sie auch als Mehr-
wehrt, weil sich meine medialen, musischen und sprachlichen
Anlagen durch sie auf unerklärliche Weise verstärkt haben. Ir-

gendwie ist mir die Krankheit egal geworden, seitdem ich wieder auf eigenen Beinen stehe. Jesus Christus ist die mächtigste Kraft in dieser Welt, wie ich in meinem eigenen Leben festgestellt habe. Er ist stärker als die zerstörerische, für mich einst unbezwingbare und eigentlich selbst wissenschaftlich unerklärliche Kraft meines einstigen chronischen Symptoms. Als ich ihn allmählich vergaß, landete ich ganz unten. Trotzdem war er immer bei mir und beschützte mich, wie es mir scheint. Selbst in meiner schwärzesten Stunde – der Zwangsaufenthalt in der Psychiatrie –, ermöglichte er mir, nach Frankfurt zu fahren und eine Sprachprüfung vor einem Ausschuss der Cambridge University abzulegen, was einem Triumph meines autonomen Intellekts und meiner Ratio gleichkam, und dies in einer Situation, in der ich den Menschen so ausgeliefert war wie noch nie zuvor.

Autarkie war und ist mir das Wichtigste in meinem Leben, seitdem ich denken kann: Unabhängigkeit vom Elternhaus, von den gedanklichen Schemen der Menschheit, von vorgegebenen ideologischen Denkpfaden, das Überwinden intellektueller Herausforderungen, das Beherrschen meines Körpers, die sportliche Nutzung von Naturgewalten, die emotionale Abkoppelung von der Meinung anderer Menschen sowie vieles mehr, was sowohl meine physische als auch psychische Überlegenheit sicherte. Als ich diese Unabhängigkeit mehr oder weniger nur durch meine Arbeitslosigkeit und Erkrankung verlor, brach für mich eine Welt zusammen.

Im Neuen Testament, 2. Thessalonicher 3, Verse 10-12, steht (Elberfelder Übersetzung): „(...) wenn jemand nicht arbeiten will, soll er auch nicht essen. Denn wir hören, daß einige unter euch unordentlich wandeln, indem sie nicht arbeiten, sondern unnütze Dinge treiben. Solchen aber gebieten wir und ermahnen sie im Herrn Jesus Christus, daß sie in Stille arbeiten und ihr eigenes Brot essen." Was für eine Schmach: Es gab jemanden, der arbeiten konnte und wollte, nämlich zum Beispiel ich, doch niemand ließ mich jahrelang. Erst als die Sozialgesetzgebung in das düstere Job-Bewerbungs-Spielchen kam, erst als der Staat quasi indirekt eingriff, gab es nach Jahren und hunderten von Bewerbungen endlich eine Zusage. Betrachtet man die Sozialgesetzgebung als christlich, so hatte sie mich gerettet, denn ich war offiziell noch schwerbehindert und bekam wahrscheinlich deswegen später Kündigungsschutz durch einen unbefristeten Arbeitsvertrag. Ich musste mir also helfen lassen, um Arbeit zu bekommen. Dies kam ebenso einem Wunder gleich. Denn einem freiheitsliebenden, auf totale Autarkie bedachten Menschen, kann man natürlich schwierig helfen. Wenn Ihnen etwas fehlt, um ein Ziel zu erreichen, so beten Sie dafür, und der liebe Herr Jesus wird Sie verändern, wie zum Beispiel mein eigenes Leben zeigt. Denn um ein Ziel zu erreichen, muss man sich oft selbst verändern, ohne das einem dies bewusst ist.

Auch für meine Frau musste ich mich verändern, schon bevor ich überhaupt von ihrer Existenz wusste. Falls es Ihnen so gehen sollte wie mir damals und Sie noch niemanden für das Leben gefunden haben sollten: Beten Sie für sich selbst um Veränderung. Das Thema war immer eines der wenigen Dinge in meinem Leben, wo ich dachte, was mache ich hier bloß bei der ganzen Sache falsch? Diese Erkenntnis sowie die Bitte an Gott für Veränderung führten schneller zum Ziel, als ich mir dies je zu erträumen gewagt hätte. Das Witzige oder Erstaunliche daran war, dass es genau dann passierte, als ich dachte, keine Frau dieser Welt würde mich in so einer unehrenhaften oder unschmeichelhaften Situation gut finden. Ich lernte sie kennen, als ich ganz unten war und den Krankenhausaufenthalt gerade so mit Mühe und Not überstanden hatte. Ich glaube, manche Menschen hatten sich sogar noch dazu inspiriert gefühlt, sie vor mir – warum auch immer – „warnen" zu müssen, wie sie mir später erzählte, aber es war ihr einfach völlig egal, dass um mich im Grunde nur Lügen und Übertreibungen wucherten. Nachdem ich sie zunächst vier Jahre verdrängte wegen der Entfernung und weil es mir unmöglich erschien, vergaß ich sie zunächst, der Kontakt brach irgendwie zum Schluss beinahe ab. Aber als ich hörte, dass sie wieder mal nach Deutschland kommen würde, freute ich mich doch irgendwie. Es schien mir, als ob ich schlafend öfters eine Stimme hörte, die zu mir Dinge sagte, wie etwa „sie ist es", „alles wird klappen", „habe keine Angst". Das war die eindeutige

Antwort auf meine Gebete zu diesem Thema, doch ich wusste kaum noch, wie sie aussah und wer sie war. Erst dies ermutigte mich auch dazu, das ganze Wagnis einer interkontinentalen Ehe einzugehen, mit allen damit verbundenen Fragen: Auf welchem Kontinent soll denn unsere Beziehung eigentlich stattfinden? Wird die Bürokratie auch mitmachen und was muss man eigentlich für die Familien-Zusammenführung machen? Kann sich der/die Hinzugezogene überhaupt in der neuen Umgebung einfinden? Welche Nationalität sollen etwaige Kinder haben? Werden unsere beiden Elternhäuser auch dahinterstehen? All diese Dinge können einen schon vorher davon rational abhalten, sich Emotionen einzugestehen. Doch es war mir dann egal, weil ich eben schlafend immer diese Stimme hörte, die mir zusicherte, es würde sich alles fügen. Und ein Wunder ließ Gott scheinbar auch durch mich selbst geschehen. Meine Frau Soorettii litt kurz nach ihrer Ankunft an einer komischen Fußkrankheit: Ihre Knöchel schwollen immer total an. Sie konnte an manchen Tagen kaum noch 20 Meter laufen.

Kein Arzt hatte eine Idee. Es schien wissenschaftlich unerklärlich. Irgendwann fragte sie mich: „Kannst Du mir bitte das israelische Schieferöl aus einer Grotte, in der Jesus einst weilte, übergießen und für mich beten?" Ich öffnete das Fläschchen, goss das Öl über ihre Füße und betete. Der genaue Wortlaut ist mir heute entfallen. Bis heute, Jahre später, hat sie nach eigenen Angaben nie mehr nennenswerte Probleme mit den Knöcheln gehabt. Es ist für mich eines der größten Wunder in meinem eigenen Leben, dass ich früher als 25-jähriger plötzlich eine zynische, gehässige Stimme ohne Pause tagsüber zu hören begann, und als ich Gott um Hilfe anrief dann nachts fortan im Schlaf eine beruhigende, engelsgleiche Stimme hörte, die prophezeite und mich leitete. Und dass die chronischen Halluzinationen heute verschwunden sind. So empfinde ich den Beginn meiner Ehe auch als ein Wunder, ebenso wie die Geburt meiner Tochter, deren gesunde Geburt mir ebenfalls im Traum prophezeit wurde.

Wenn ich etwas in meinem Leben gelernt habe, so ist es die Bitte um eigene Veränderung als Basis für das Erreichen von Zielen:

Dinge wie Arbeit, Ehe, Familie, ein Kind, Glück, kleine sportliche Ziele, musikalische Ambitionen. Ich denke, wenn man um Ziele bittet, die nicht im Sinne des Herrn Jesus sind, so macht es keinen Sinn, dafür zu beten, ebenso, wenn man ihn nicht in seinem Leben versucht anzuerkennen. Denn die Erfüllung von Gebeten ist der Bibel zufolge davon abhängig, ob Jesu Worte in einem bleiben. Dies bedeutet, die Gebetsziele müssen mit dem, was Jesus dem Neuen Testament zufolge will, korrespondieren. So wurden meine tiefsten Wünsche, die ich an mein Leben hatte, schon oft erfüllt. Ich werde wissenschaftlich niemals beweisen können und wollen, dass Jesus Christus, Gott und der Heilige Geist als Dreieinigkeit existiert, denn ich habe weder Theologie studiert, noch kenne ich mich mit Astrophysik aus. Gott war zunächst aus meiner Sicht eine intuitive Erfahrung, die sich quantitativ und qualitativ derart bewährt hat in meinem Leben, sodass ich für mich selbst inzwischen absolut weiß, dass Gott existiert, weil er mich in den ausweglosesten Situationen vorwärtsbrachte. Zum Beispiel meine berufliche Karriere war nie ein Selbstläufer und der Kampf gegen Repressionen wird in meinem Leben wohl dabei immer sein müssen. Ich vertraue Gott trotzdem, dass ich meine Familie immer über Wasser halten kann, oder dazu beitrage. Denn erst durch ihn habe ich mich bewährt. Aus der einst eher intuitiven Erfahrung Gottes ist für mich inzwischen eine Gewissheit geworden. In meinem Leben gibt es eine verlässliche Konstante, die schwierige Situationen zu meinen Gunsten lösen kann, gerade wenn ich selbst keinen Einfluss mehr darauf habe. Wer nach Gottes Geboten handelt oder ihnen nicht zuwiderhandelt, wird seine Ziele auch erreichen. Meine eigene, wahre Geschichte lässt sich rational kaum begründen, wenn ich auf mein bisheriges Leben zurückschaue. Ich halte mich weder für einen besonders auserwählten Menschen, noch bin ich der einzige gläubige Mensch, den Gott eine schwierige Krankheit überwinden und bändigen ließ. Meine eigene Geschichte ist nur ein weiteres Beispiel unter vielen anderen, wie Gott im Leben eines Menschen Wunder vollbringen kann.

Gott besiegte in meinem eigenen Leben die Dunkelheit, aus der das Symptom einst über mich herfiel. Wer auch immer nur ein bisschen, teilweise oder ganz und gar in Dunkelheit lebt – entweder freiwillig oder unfreiwillig –, den kann Gott ganz sicher daraus befreien und wieder Glück zuteilwerden lassen (Jesaja 60, Vers 2, Luther 2002): „Denn siehe, Finsternis bedeckt das Erdreich und Dunkel die Völker; aber über dir geht auf der HERR, und seine Herrlichkeit erscheint über dir." Das Symptom hatte noch nie Macht über mich, weil Gott den Kampf gegen die Dunkelheit schon für mich gewonnen hatte, als diese erstmals auftrat. Und auch, als ich jahrelang mit der chronischen Halluzination lebte, wusste ich, dass mich diese Krankheit nie ganz hätte überwältigen können, weil ich Gott vertraute.

Der Vibe

Nach zahlreichen Jogging-Runden und zweistündigen Fußball-
Matches – ich mag es, mit dem Ball umzugehen und mir Gedanken über Taktiken und Laufwege zu machen, aber als Nebeneffekt nimmt man eben auch ab – hatte ich morgens plötzlich beim
Rasieren den zündenden Gedanken: Ich würde das Windsurfen
wieder aufnehmen. Irgendwie hatte es mich Überwindung gekostet – und auch meine Ersparnisse aus der Lebensversiche-
rung. Über zwei Jahrzehnte nachdem ich es aufgegeben hatte,
war der Drang plötzlich wieder da und es zog mich zur See. Davon hatte ich immer geträumt: ein brandneues Surfboard aus
Frankreich, ein total neues Segel aus einer niederländischen Ma-
nufaktur, einen unbenutzten Neopren-Anzug sowie ein kunst-
volles Trapez und vieles mehr: Das Equipment besteht aus circa
zehn Einzelelementen, die dann sowohl zueinander als auch zu
einem selbst passen müssen, doch die Technik hatte sich im
Laufe der Jahrzehnte total verändert. Am Anfang war ich etwas
ratlos. Dann nahm ich einen aktuellen Material-Guide in Buch-
form zu Hilfe. Nach zahlreichen Lieferungen, bei deren Empfang
ich die Paketboten immer angrinste und mich freute wie ein
Känguru am Nikolaustag, war endlich alles vollständig. Es war
April, die Bäume blühten schon sehr früh, und so fand ich mich
bei meinen Eltern im Garten wieder, um erstmal alles an Land
aufzubauen. Tatsächlich: Der Mast, das Segel, der Gabelbaum,
die Mastfußverlängerung und das -gelenk, der Trapeztampen
und so weiter passten perfekt zueinander. Das Segel meines
Lieblingsherstellers hatte sogar ein Design und einen Schnitt, das
dem alten Segel sehr ähnelte; es lag jetzt irgendwo im Schuppen
und war nach 23 Jahren halb angeschimmelt. Das neue Segel
hatte sogar zufällig die gleichen Farben. Vorsichtig überprüfte ich
alle Nähte. Mit dem Einkauf war ich hochzufrieden. „Ich habe
dich noch nie so glücklich gesehen, wenn ich dir so beim Pake-
te-Aufmachen zusehe, vom Tag unserer Hochzeit abgesehen",
lachte mich meine Ehefrau zuvor an. Von allen weltlichen Dingen, die man unabhängig von Menschen machen kann, ist mir
dieser Sport oder Life-Style tatsächlich am meisten an das Herz
gewachsen, auch wenn ich nicht unbedingt der Crack bin.

Parallel dazu buchte ich schon mal den Südfrankreich-Urlaub in der Provence am Mittelmeer im Juni für meine Familie und mich, schließlich liebt mein Töchterchen das Wasser scheinbar noch viel mehr als ich. Mein Gewichtsproblem quälte mich noch immer, obwohl mein Material schon da war und der Moment immer näherrückte. Also betete ich dafür und betete und betete, weil die sportlichen Torturen kaum etwas nützten für das Abnehmen. Die letzten fünf Kilo schaffte ich in nur zwei Wochen, weil ich mir nur noch 50 Prozent der kulinarischen Mengen beim Essen reinwürgte. Dabei trank ich viel Wasser und konnte kaum noch Joggen, weil man auf diese Art sehr schwach wird. Doch es funktionierte: Einen Tag vor unserer Abreise zum Mittelmeer stellte ich mich auf die Waage: Wie durch ein Wunder hatte ich genau das von mir für mein Board berechnete und benötigte Zielgewicht erreicht. Genau das Gewicht, für das ich gebetet hatte, zeigte jetzt die Waage exakt an. So banal auch manche meiner Gebetsziele erscheinen (wie etwa „ich würde gerne ein paar Kilo loswerden") – Gott erhörte sie bisher alle, bis auf ein wichtigstes Anliegen für meine berufliche Laufbahn.

Ich konnte es jedenfalls kaum erwarten: Der Vibe des Windes, der die Wellen formt, die unter einem durchgehen und das Board im Geschwindigkeitsrausch singen lassen (das erzeugt dann immer so ein hochfrequent-witzig-heulendes Geräusch). Der Vibe des Windes, der durch das Segel über die Hände und Arme durch den Körper zieht.

Doch dazu braucht man natürlich genug Wind. Vielleicht wird er ja kommen, dachte ich schon einige Wochen vorher und wollte vor Vorfreude nur so die Wände hochgehen. Er kam nie so richtig. Und einmal nur in Böen. Aber es war mir egal. Denn irgendwie hatte sich das für mich und mein Unterfangen doch gefügt, dachte ich hinterher, das hätte sowieso kaum geklappt mit dem Wiedereinstieg, wenn es gleich immer voll geweht hätte. So konnte ich mich vorsichtig wieder herantasten. Vieles klappte auf Anhieb, manches auch im zweiten Versuch. Stück für Stück kam alles wieder zurück. Das Wasser war glasklar und der Wind warm. Höchstens mal eine Böe rüttelte mich durch. Wenn es doch mal ordentlich Wind gäbe, ging es mir immer wieder durch den Kopf. Im nächsten Moment wurde mir klar, dass ich damit noch über 20 Jahre Spaß haben werde und dafür gerade einen Neuanfang auch in dieser Sache gemacht hatte – ohne Drogen, die einst eben alles auch in dieser Hinsicht kaputt gemacht hatten, und trotz Handicap. Während ich alles schnell auf dem Wasser wiederlernte, schien es mir, als ob in mir selbst etwas lange Zeit gefehlt hätte, das nun wieder plötzlich da war. Meine Frau winkte mir vom Strand aus zu und nahm den Moment mit der Handy-Kamera auf, meine Tochter lief mit Eimer und Schaufel hin und her. Da erkannte ich mich zum ersten Mal seit Jahrzehnten so richtig wieder.

Abends saß ich auf der Veranda vor unserer Ferienwohnung und zischte mir ein paar Heineken rein: Hanglage über dem Meer, vorletzte Reihe am Fuße des sich gleich hinter der Küste aufwölbenden Mittelgebirges, verkehrsberuhigte Siedlung, nur das Zwitschern der Vögel und den Wind konnte man hier, wo es mehr Grün als Beton gab, noch hören. Der Geruch von Lavendel und Pinienharz stieg mir in die Nase. Der üppige, in Terrassen angelegte, palmen- und piniengesäumten Garten um uns herum kühlte sich nach der flimmernden Hitze des Tages langsam ab. Ein paar letzte Sonnenstrahlen flogen glitzernd hinter den Bergen in ihn hinein, und schon bald dämmerte es. Eine Taube ließ sich auf der Terrasse unter mir auf einem Zweig nieder. Die flappenden Geräusche ihrer Flügel habe ich heute noch im Ohr. Vielleicht ein Zeichen, dass ich Französisch endlich mal besser lerne und meine Sprachkenntnisse ausbauen sollte, dachte ich in diesem Moment.

Noch weiter unter mir dämmerte der Hafen des pittoresken, südfranzösischen Küstenstädtchens vor sich hin. Die mäßige Thermik kehrte sich wie immer nachts allmählich um, sodass der Wind jetzt auf das spiegelglatte Meer hinausfächelte. Auch meine Tochter ließ den Tag endlich los, was ihr manchmal schwerfällt. Unten an der Uferpromenade gingen die Laternen an, und ich machte mir noch ein weiteres Bier auf. Da wurde mir klar: Man braucht schon irgendwie ein Board als Perspektive im All-

tag. Weil ich das Snowboarden zuvor überwiegend aus Umwelt-
gründen aufgegeben hatte, freute es mich umso mehr, Windsurfing wiederentdeckt zu haben. Und es wurde mir auch klar, dass
ich mich nicht auf zwei Urlaubswochen im Jahr windsurftech-
nisch fixieren sollte, weil sonst immer die ganze Familie darunter
zu leiden hätte, sondern einfach öfters mal den kleinen See vor
der Haustür daheim oder noch größere Binnenseen zuhause
aufsuchen sollte. Gott ist das Windsurfen wahrscheinlich nicht so
wichtig. Trotzdem erfüllte er meine Gebete in diese Richtung.
Der Sport hatte sich materialtechnisch total verändert, alles war
etwas komplizierter geworden, aber besser, mit mehr Leistung
verbunden und beim Surfen letztendlich einfacher zu handha-
ben. Ich hatte zuvor für die Auswahl des Equipments gebetet,
weil ich mich kaum noch so richtig damit auskannte, für das Abnehmen und für die Abläufe. Am meisten betete ich jedoch dafür, dass sich mein Handicap nicht beim Surfen nachteilig auswir-
ken würde. Die Sorge darum hatte mich eigentlich zuvor am
meisten verunsichert, und jetzt war sie verschwunden.

Während ich also auf der Veranda über dem Meer saß und auf
die nächtlich-schwarz-mediterrane Bucht hinausstarrte, realisierte ich, dass ich jetzt wieder genauso gut lebte, wie vor dem Super-Gau meines Lebens, als das Symptom über mich hereinge-
brochen war. Zudem hatte ich noch Verantwortung für zwei
Menschen übernommen, die jetzt irgendwo hinter der Veranda-
tür einschliefen. Somit geht es mir mit Handicap eigentlich heute
viel besser als ohne, weil ich fast alle meine Ziele auch mit Behinderung erreicht habe, ging es mir durch den Kopf, irgendwie
beschützt mich das Handicap auch ein bisschen vor der Welt im
Vergleich zu früher, als ich noch total gesund war.

Meine Augen wurden feucht, mein Blick schweifte über den Ho-
rizont zu den Sternen, und das Feuer, das mich früher immer
angetrieben hatte, war wieder da. Die Flammen begannen, lich-
terloh in mir zu brennen und loderten nur so in meiner Brust. Ich
ging ins Haus zurück, verriegelte die Tür des mit Blumen verzier-
ten Steinhauses und stellte die Flasche im vorbeigehen auf den
Tisch. Mein Blick fiel auf meine Frau und meine Tochter, die

bereits vor sich hinschlummerten, und ich dankte Gott überglücklich für mein Leben, das er in der Hand hält, und dafür, dass
der Trip namens Leben mit neuen Zielen nach endlosem Warten
weiterzugehen schien.[1, 2, 3]

---

[1] Der Name Gideon Winter ist ein Pseudonym. Alle anderen vorkommenden
Personen werden ebenso mit geändertem Namen genannt.

[2] Die in dieser Autobiografie meditativ zitierten Bibelstellen der Elberfelder
Übersetzung haben folgende Quelle: „Die Bibel. Elberfelder Übersetzung."
Revidierte Fassung. 5. Auflage. R. Brockhaus Verlag: Wuppertal 2002.

[3] Die in dieser Autobiografie meditativ zitierten Bibelstellen der Luther
Übersetzung haben folgende Quelle: „Die Bibel. Nach der Übersetzung
Martin Luthers." Revidierte Fassung 1984 (in neuer Rechtschreibung 2006).
Deutsche Bibelgesellschaft: Stuttgart 2002.